A VITÓRIA
da Páscoa

Conheça nossos clubes

Conheça nosso site

- @editoraquadrante
- @editoraquadrante
- @quadranteeditora
- Quadrante

Título original
La victoire de Pâques

Copyright © 2002 by Jean Chevrot

Capa
Gabriela Haeitmann

Dados Internacionais de Catalogação na Publicação (CIP)

Chevrot, Georges, 1879-1958
A vitória da Páscoa / Georges Chevrot; tradução de Henrique
Elfes – 2ª ed. – São Paulo: Quadrante Editora, 2023.

ISBN: 978-85-7465-613-7

1. Liturgia 2. Páscoa 3. Sermões I. Título

CDD–252.63

Índices para catálogo sistemático:
1. Páscoa: Sermões: Cristianismo 252.63
2. Tempo pascal: Instruções paroquiais : Cristianismo 252.63

Todos os direitos reservados a
QUADRANTE EDITORA
Rua Bernardo da Veiga, 47 - Tel.: 3873-2270
CEP 01252-020 - São Paulo - SP
www.quadrante.com.br / atendimento@quadrante.com.br

A VITÓRIA
da Páscoa

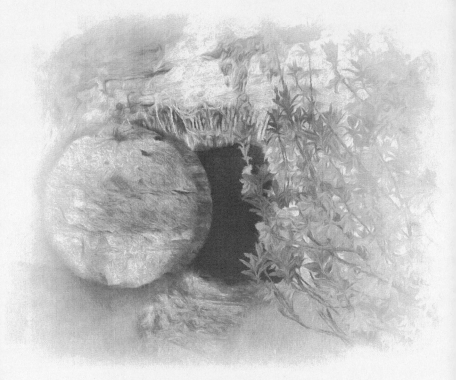

Georges Chevrot

2ª edição

Tradução de Henrique Elfes

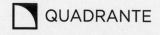

Sumário

A VITÓRIA DA PÁSCOA   7

A RESSURREIÇÃO, FUNDAMENTO DO
CRISTIANISMO   17

AS TESTEMUNHAS DO SALVADOR
RESSUSCITADO   31

O VALOR DOS TESTEMUNHOS   41

NO ALVORECER DO TERCEIRO DIA   53

PEDRO E JOÃO NO SEPULCRO   67

A APARIÇÃO A MARIA MADALENA   77

OS DISCÍPULOS DE EMAÚS   93

AO ENTARDECER DO PRIMEIRO DIA   107

O APÓSTOLO QUE NÃO CONSEGUIA CRER   121

A APARIÇÃO À BEIRA DO LAGO   133

A APARIÇÃO SOBRE O MONTE 145

JESUS CRISTO, NOSSA TESTEMUNHA
NO CÉU 157

OS CRISTÃOS, TESTEMUNHAS DE CRISTO
NA TERRA 169

O COROAMENTO DA VITÓRIA PASCAL 181

A VITÓRIA DA PÁSCOA

Celebremos

A Páscoa, a festa das festas, a solenidade das solenidades, não se celebra dignamente senão na alegria. A Igreja quer ouvir as nossas aclamações: "Rejubilemo-nos, repete-nos ela à saciedade, e entreguemo-nos à alegria!" Os nossos irmãos orientais saúdam-se neste dia com as próprias palavras da liturgia: "Cristo ressuscitou! — Ressuscitou verdadeiramente".

Reconheçamos que, nos nossos países ocidentais, não manifestamos da mesma forma a nossa felicidade. Ao passo que no Natal os fiéis que entram na igreja ou dela saem trocam espontaneamente sorrisos e votos de felicidade, na manhã da Ressurreição não nos dão a impressão de respirar uma atmosfera de vitória. O seu porte é grave. Parecem preocupados sobretudo com observar o "dever" da comunhão pascal. Será então necessário tomar um ar triste para cumprir o mais amável dos deveres, para unir-se pelo banquete eucarístico ao triunfo de Jesus Cristo?

Não, católico, meu irmão, não digas: "Acabo de fazer a minha Páscoa". Como parece mesquinho, neste dia, esse possessivo ridículo! É a nossa comunidade paroquial, célula da Igreja universal,

A VITÓRIA da Páscoa

que vai celebrar a vitória da Páscoa. Numa das leituras da missa, o sacerdote repetirá as palavras de São Paulo: *Celebremos, pois, a festa...* (1 Cor 5, 8). O sentido do verbo latino *epulemur*, que a *Neovulgata*, a versão latina oficial da Igreja, usa nesta passagem, não oferece a menor dúvida, pois o reencontramos nos lábios do pai da parábola do filho pródigo: *Comamos e celebremos, porque este meu filho morrera e tornou à vida* (Lc 15, 23-24). *Celebremos*. Deixemos de lado esses rostos sérios. Tomemos um ar de festa para cantar a glória de Cristo ressuscitado, que nos alimenta com a sua carne divina para ressuscitar-nos com Ele.

Ouçamos em que termos um sacerdote romano do século III, Santo Hipólito, saudava esse mistério da nossa fé: "Ó Crucificado, condutor da dança divina! Ó festa do Espírito! Páscoa divina que desces dos céus à terra e da terra tornais a subir aos céus! Solenidade nova! Assembleia de toda a Criação! Ó alegria universal, honra, festim, delícias pelas quais a morte tenebrosa foi aniquilada, a vida derramada sobre toda a criatura e abertas as portas do céu!"

Páscoa, "passagem"

O Prefácio* pascal resumiu os motivos da nossa alegria em algumas frases de um cunho maravilhoso e de uma inspiração plenamente bíblica. Com o

---

* Oração que antecede — "prefacia" — a Oração Eucarística da Missa (N. do T.).

A VITÓRIA DA PÁSCOA

coração voltado para o céu, damos graças ao Senhor nosso Deus com um fervor sem igual "neste dia em que Cristo, nossa Páscoa, foi imolado".

A palavra *Páscoa* significa "passagem", a passagem de Deus entre nós e a nossa passagem para Deus. A Ressurreição de Cristo é o ponto culminante dos desígnios redentores que Deus alimentava desde longa data. Uma das primeiras etapas da salvação da humanidade tinha sido a libertação do povo de Israel escravizado pelos egípcios. Todos os anos, o Povo Eleito comemorava essa "passagem do Senhor" que, para tornar possível a evasão dos cativos, tinha ferido os primogênitos das famílias egípcias e protegido as casas dos israelitas cujas portas estavam marcadas com o sangue de um cordeiro. Em vão os exércitos do Faraó tinham tentado apanhar os fugitivos: foram engolidos pelas águas do Mar Vermelho, que se tinham descerrado para "abrir passagem" aos filhos de Israel que Moisés ia conduzir para a Terra Prometida.

A nossa Páscoa é a passagem ainda mais prodigiosa do Senhor Jesus Cristo, cabeça da humanidade, que, ao deixar a terra e ir para o céu, nos libertou da tirania de Satanás e nos introduziu na nossa verdadeira Pátria. A nossa Páscoa é a antiga noite batismal no decurso da qual os pecadores, mergulhados na água em que deveriam ter encontrado a morte, saíam da piscina na mesma hora em que Cristo saíra do túmulo. A nossa Páscoa é o sangue de Cristo imolado que nos valeu a salvação.

A VITÓRIA da Páscoa

O cordeiro pascal que os israelitas compartilhavam num repasto sagrado em ação de graças pela sua libertação passada não era senão a figura do "verdadeiro Cordeiro", cujo sangue nos redimiu e que tomamos como alimento na Eucaristia, sacramento da nossa redenção.

Seremos capazes de conter a nossa alegria? Éramos uns infelizes cativos, submetidos a Satanás, e Cristo abriu-nos as portas da nossa prisão. Fez-nos passar do campo de concentração para o país da liberdade. Éramos náufragos destinados aos abismos infernais e, quando nós nos debatíamos nas águas do dilúvio em esforços inúteis, o braço de um Barqueiro intrépido nos agarrou e nos arrancou ao sorvedouro. O nosso Libertador, o nosso Barqueiro, é Cristo que se imolou por nós.

O termo glorioso do seu sacrifício fez-nos passar do pecado para o amor, da sombra para a luz, da morte para a vida, da vida natural sempre tributária da morte para a vida sobrenatural que não conhece declínio.

O verdadeiro Cordeiro

"Ele é — continua o Prefácio, citando agora o oráculo de João Batista (cf. Jo 1, 29) — o verdadeiro Cordeiro que tirou os pecados do mundo". Seremos capazes de ouvir sem estremecer esta sentença de perdão? Não haveremos de proclamar bem alto o nosso agradecimento? Vivíamos num

A VITÓRIA DA PÁSCOA

mundo pecador, onde todo o homem que vinha à existência era incapaz de repelir essa herança de pecado. E num dia, num só dia, o Cordeiro pascal fez desaparecer todos os pecados do mundo. "Cristo, inocente, reconciliou os pecadores com o seu Pai" (sequência* pascal). Deus já não percebeu mais nenhum pecado sobre a terra. A malícia irremediável de todos os pecados do mundo foi ultrapassada pelo excesso de amor do nosso Salvador, que arrastou na sua esteira a generosidade dos pecadores convertidos. *Onde abundou o pecado, sobreabundou a graça* (Rm 5, 20). A partir desse momento, Deus contempla a raça humana na pessoa da sua Cabeça, o seu Filho infinitamente amante e obediente.

Mas estaremos realmente libertos da escravidão do pecado? A argumentação de São Paulo é taxativa. A morte ensina o Apóstolo, é a consequência, o "salário" do pecado: *Por um homem entrou o pecado no mundo, e pelo pecado a morte* (Rm 5, 12). Ora, na manhã da Páscoa, a morte foi destruída: se o castigo foi anulado, é porque a falta foi apagada.

O Prefácio pascal torna a pedir emprestada a linguagem paulina para detalhar a vitória pascal de Jesus Cristo: "morrendo, destruiu a nossa morte, e ressuscitando, restituiu-nos a vida". Em consequência da revolta de Adão, tínhamos sido despojados da intimidade eterna a que Deus nos

---

*   Oração em forma de poesia que se recita ou canta, em algumas festas especialmente solenes, antes da leitura do Evangelho (N. do T.).

tinha destinado graciosamente. Estávamos reduzidos a ruminar em perpétua amargura a lembrança da nossa queda e o pesar pelo paraíso perdido para sempre. A morte, que destrói os nossos corpos como o faz com a erva dos campos, era nas mãos de Satanás a arma pela qual ele nos privava infalivelmente dos privilégios inauditos com que Deus nos tinha favorecido. Já não havia céu para o homem, já não havia vida com Deus.

Mas o Filho de Deus, tornando-se um de nós, venceu a morte invencível, e fê-lo *morrendo* como um de nós. É verdade que poderia ter voltado para a sua glória esquivando-se à morte, tal como aconteceu com Elias: nesse caso, Ele teria escapado à morte, mas esta teria conservado o seu império sobre o restante dos homens. Para destruí-la, um homem devia enfrentá-la, desfazer o seu abraço, arrancar-lhe o seu aguilhão.

A sequência da missa da Páscoa faz-nos assistir ao "admirável duelo" entre a Morte e a Vida na arena do sepulcro de José de Arimateia. O nosso campeão, Cristo, tendo-se imolado sobre a Cruz, foi provocar a Morte no obscuro domínio em que ela encerrava as suas vítimas. O céu e o inferno marcam os pontos dessa luta gigantesca, que não durou menos de trinta e seis horas. Mas na manhã do terceiro dia, o Autor da vida, tendo rompido as cadeias que o prendiam, derribou a Morte e pô-la fora de combate. A morte corporal, castigo da falta de Adão, estava abolida.

Cristo, "morrendo, destruiu a nossa morte", desarticulou-a, dividiu-a em duas. A primeira morte permanece ainda como castigo do pecado, mas já não é senão uma passagem inofensiva que desemboca na eterna morada de Deus. A segunda morte, a do condenado, já não tem direitos sobre aqueles que participam da Ressurreição do Senhor. *Onde está, ó morte, a tua vitória? Onde está, ó morte, o teu aguilhão?* (1 Cor 15, 55).

"Ressuscitando, restituiu-nos a vida". Fez-nos recuperar o estado sobrenatural em que Deus tinha criado o homem. Tornamo-nos novamente filhos adotivos de Deus. A partir de agora, participamos da vida divina do nosso Irmão ressuscitado. Se cremos nEle, se aderimos a Ele sob o signo do batismo, se nos incorporamos a Ele sob o signo da Eucaristia, se, assentindo à sua palavra, nós a pomos em prática, não formamos com Ele senão um só corpo, "a Igreja dos ressuscitados". Como compreendemos bem que a liturgia multiplique os "aleluia" para aclamar a vitória de Jesus Cristo e agradecer-lhe por nos ter associado a ela. Graças ao seu triunfo, somos pecadores perdoados, mortais destinados a ressuscitar.

Esforço de conversão

Essa alegria pascal, não a exprimiremos apenas nos nossos cânticos, mas havemos de manifestá-la por um esforço generoso e leal de conversão.

A VITÓRIA da Páscoa

Com efeito, aquilo que Jesus realizou em nome da humanidade, da qual Ele é a cabeça, ainda não se realizou efetivamente para cada um de nós. É verdade que São Paulo emprega os verbos no passado quando declara: Deus *deu-nos a vida com Cristo* [...], *e corressuscitou-nos, e sentou-nos nos céus em Cristo Jesus* (Ef 2, 5-7). Da parte de Deus, é coisa feita; no entanto, falta ainda que cooperemos com essas graças insignes. A redenção do nosso corpo — como o Apóstolo faz questão de precisar — ainda pertence ao futuro: *em esperança estamos salvos* (Rm 8, 23-24). Sim, Cristo redimiu-nos do pecado pela sua morte, mas com a condição de que já não deixemos o pecado reinar no nosso corpo mortal, cedendo às suas concupiscências. Ofereçamo-nos a Deus, insiste ele, como mortos que voltaram à vida; ponhamos o nosso corpo ao serviço de Deus, fazendo dele o instrumento de obras santas (cf. Rm 6, 1-14).

Não há nisso nenhuma contradição. Ao pedir-nos docilidade e um esforço pessoal, Deus não retoma com uma mão o que nos deu com a outra. Jesus continua conosco para secundar a nossa boa vontade e terminar a sua obra em nós. O banquete pascal espera-nos sobre o altar. Aproximemo-nos alegremente para comungar o corpo imolado de Cristo, que venceu por nós o pecado e a morte. Ele nos pede apenas um ato de honestidade: São Paulo alude na segunda leitura da missa de Páscoa (1 Cor 5, 6-8) ao costume dos israelitas que, na véspera da celebração pascal, lançavam ao fogo o velho fermento a fim de não o misturar com os pães ázimos do repasto ritual. Pede-nos assim que tomemos a precaução de nos desembaraçarmos do nosso velho fermento de maldade e perversão. E nós o fizemos. Esse fundo lamentável de pecado, depusemo-lo na Sexta-feira Santa aos pés da Cruz sobre a qual morria o nosso Salvador. Mas não podíamos ser libertados de uma vez por todas e já não estar sujeitos ao desejo do mal. Não nos entristeçamos por termos de continuar a recomeçar continuamente esse trabalho de purificação. Devemos crer que testemunhamos ao Senhor um amor muito maior se renovamos cada dia o nosso desejo de evitar as negligências e as imprudências que conduzem ao pecado. Alegremo-nos porque temos de reconverter-nos a Deus diariamente, porque temos de voltar a afirmar-lhe e provar-lhe a nossa fidelidade. Não tremamos ao pensar nos perigos de amanhã. O nosso Cordeiro pascal irá trazer-nos o remédio capaz não apenas de pensar as chagas de ontem, mas de obter-nos uma cura eterna.

A nossa alegria pascal deve manifestar-se também na caridade fraterna. Jesus espera de nós essa resposta direta ao testemunho de amor que nos dá na manhã da Ressurreição. Mostrar-lhe-emos o nosso reconhecimento e a nossa fé, e ao mesmo tempo conservaremos com mais segurança a nossa pureza, se nos amarmos como irmãos, como *seus* irmãos. "A santa Páscoa revelou-se-nos hoje — lemos num hinário da liturgia bizantina —, Páscoa a pura, Páscoa, a grande, a Páscoa dos crentes, Páscoa que nos abre as portas do paraíso. Páscoa! Abracemo-nos todos com alegria, ó Páscoa! É a libertação das dores!"

A nossa liturgia latina, menos exuberante, não se preocupa menos de ver uma terna caridade reinar entre os cristãos que devem reencontrar-se todos na mesma casa do Pai, como partilharam nesta manhã do mesmo repasto pascal. "Dignai-vos, Senhor — diz uma antiga oração litúrgica —, infundir em nós o espírito do vosso amor. Fizestes de nós um só corpo; dai-nos a todos um só coração, para que, na alegria unanimemente experimentada da vossa Ressurreição, devamos ainda à vossa bondade a graça de amar-nos agora uns aos outros como nos amaremos eternamente".

A RESSURREIÇÃO, FUNDAMENTO DO CRISTIANISMO

> *Se Cristo não ressuscitou, vã é a nossa pregação, vã é a vossa fé* (1 Cor 15, 14).

Não uma doutrina, mas uma realidade

A alegria e as esperanças que a festa da Páscoa suscita em nós têm consistência apenas porque repousam sobre uma realidade devidamente comprovada: *Jesus Cristo ressuscitou realmente dentre os mortos.* Este é o fundamento do cristianismo.

Os Apóstolos não disseram ao mundo: "Ouvi o Evangelho porque é a doutrina mais bela, a que melhor corresponde às exigências da razão e da consciência dos homens. A sua excelência e a inigualável santidade do seu Autor garantem a sua verdade". Não, eles não pregaram uma *doutrina* porque lhes tivesse parecido verdadeira; anunciaram uma *realidade* da qual estavam certos. Uma doutrina pode ser discutida, uma realidade é em si mesma indiscutível. Eles afirmaram: "Jesus Cristo ressuscitou dentre os mortos. Este fato, do qual somos as testemunhas, é a prova suprema da sua divindade; portanto, a sua palavra é verdadeira".

Também São Paulo não procura de forma alguma iludir-nos, antes nos adverte de que nada no dogma cristão se sustenta se Jesus Cristo não ressuscitou. Para ser tão categórico, Paulo tem de estar certo daquilo que afirma. Ele, o antigo perseguidor dos primeiros discípulos de Cristo, o antigo fariseu cujo apego às tradições dos pais ultrapassava a dos judeus da sua idade (cf. Gl 1, 14), por acaso teria rompido tão completamente com o seu passado se a Ressurreição de Cristo não passasse de um boato?

Não será inútil — tanto para podermos confiar tranquilamente nas promessas que contém quanto para consentir corajosamente com os esforços que exige — examinar a certeza do acontecimento pascal.

Ressuscitou dentre os mortos

Ressuscitou dentre os mortos: que quer dizer isto? Por diversas vezes, quer através de parábolas, quer expressamente, Cristo anunciou aos discípulos que seria morto em Jerusalém, mas que ressuscitaria ao terceiro dia. Cada uma das suas previsões chocara-se com a incompreensão dos ouvintes. Depois da Transfiguração, em que Pedro, Tiago e João tinham podido assistir à manifestação da glória divina do Senhor, o Mestre tinha-lhes dito que não falassem

A RESSURREIÇÃO, FUNDAMENTO DO CRISTIANISMO

disso com ninguém *até que o Filho do homem ressuscite dos mortos* (Mt 17, 9). Esta recomendação não os intrigara menos que o prodígio a que acabavam de assistir. Ao descerem do monte, perguntavam entre si o que podia significar esse *"quando tivesse ressuscitado dos mortos"* (Mc 9, 10). Essas palavras não significavam nada de preciso para eles. Será um exagero insinuar que essa sensação não é menor entre alguns fiéis do nosso tempo? Aos seus olhos, o céu para o qual Cristo ascendeu de corpo e alma não é diferente do "além" supraterreno onde estão as almas dos santos; não são capazes de compreender a enorme diferença que há entre as palavras "imortalidade" e "Ressurreição". No entanto, quando dizemos que Jesus Cristo ressuscitou dentre os mortos, queremos dizer algo muito diferente da mera sobrevivência espiritual dos nossos defuntos: é todo o ser de Cristo que voltou à vida. "O seu corpo, diz São Pedro, não conheceu a corrupção do túmulo" (cf. At 2, 24-27). Aquele que morreu está vivo. Morto por nós, vive conosco *agora:* presente no céu, onde *vive para interceder por nós* (Hb 7, 24), e ao mesmo tempo presente sobre a terra, onde permanece conosco *todos os dias até a consumação do mundo* (Mt 28, 20). Até o fim da história dos homens, Jesus é nosso contemporâneo. *Por que, perguntam os seus mensageiros na manhã da Páscoa, procurais entre os mortos aquele que está vivo?* (Lc 24, 5).

A VITÓRIA da Páscoa

Esta é a realidade sobre a qual repousa a nossa fé cristã. As palavras de São Paulo têm o tom cortante de uma lâmina: *Se Cristo não ressuscitou, vã é a nossa pregação, vã a vossa fé; seríamos falsas testemunhas de Deus* (1 Cor 15, 14). Se Cristo tivesse sofrido, no túmulo, o destino comum dos homens, não deveríamos ver nEle senão mais um profeta entre tantos outros, embora, isso sim, o maior de todos. Se a sua ação tivesse terminado com a morte ignominiosa da Cruz, teria terminado num fracasso.

Aos que objetassem que, mesmo neste caso, Jesus não teria deixado de trazer aos homens um maravilhoso ideal de fraternidade e um exemplo único de santidade, São Paulo responde: *Se só para esta vida temos esperança em Cristo, somos os mais miseráveis de todos os homens* (1 Cor 15, 19). Com efeito, já não poderíamos falar de Redenção, pois a condição humana não teria mudado, *ainda estaríamos nos nossos pecados* (1 Cor 15, 17).

É verdade que a pessoa de Cristo sempre nos forçaria à admiração, mas não seria senão mais uma vítima. Esse justo condenado e crucificado provaria apenas que o mundo nada quis saber do seu ideal. E quem teria tido a coragem de imitar o seu exemplo? A sua lei ultrapassa tanto as nossas forças! Quem a desejaria sequer? O programa das bem-aventuranças não seria mais do que uma ladainha de quimeras: o desinteresse, a mansidão, a retidão, o dom de si mal seriam capazes de seduzir

A RESURREIÇÃO, FUNDAMENTO DO CRISTIANISMO

os tolos. Em nome de que princípios poderíamos condenar a regra do "cada um por si"? Só nos sobraria reerguer os velhos ídolos do dinheiro, da força, da esperteza e do prazer. Se Cristo não ressuscitou, é o pecado que triunfa. Se não venceu a morte, nem um único homem ressurgirá do seu túmulo. Passemos o arado sobre os cemitérios e não olhemos mais além da vida presente. Deixemos de falar de esperança e de salvação. Se Cristo não ressuscitou, fechemos as igrejas e calemo-nos. Mas São Paulo, assim que faz passar sobre os seus leitores essa sombra de inquietação, devolve-lhes imediatamente a esperança e a certeza. Não, a nossa fé não é um sonho. O pesadelo que é preciso afastar é, pelo contrário, a hipótese de uma humanidade cujo destino não ultrapassaria a terra. *Mas não!*, exclama o Apóstolo; *Cristo ressuscitou dos mortos como primícias dos que morrem* (1 Cor 15, 20).

Transmiti-vos, escreve ele aos Coríntios, *aquilo que eu mesmo recebi: que Cristo morreu pelos nossos pecados, conforme as Escrituras; que foi sepultado, que ressuscitou ao terceiro dia, conforme as Escrituras, e que apareceu a Cefas, e depois aos doze. Depois, apareceu a mais de quinhentos irmãos de uma vez, dos quais muitos ainda vivem e alguns morreram. A seguir, apareceu a Tiago, depois a todos os apóstolos* (1 Cor 15, 3-7)... Paulo menciona em último lugar a aparição com que ele mesmo foi favorecido pessoalmente, mas as linhas que a precedem são geralmente consideradas uma

A VITÓRIA da Páscoa

citação de um catecismo que resumia o ensinamento dos Apóstolos: *Tanto eles como eu, assim pregamos e assim crestes* (1 Cor 15, 11).

Esse testemunho é da mais alta importância por causa da sua antiguidade. A primeira carta aos Coríntios foi escrita antes da redação dos nossos Evangelhos, mas Paulo cita esse fragmento de catequese como quem o *recebeu*. Quer tenha sido na época da sua conversão, quer quando, três anos mais tarde, subiu a Jerusalém para encontrar Pedro (cf. Gl 1, 18), o mínimo que podemos dizer é que a tradição que ele transmite data de no máximo seis anos após a Ressurreição do Senhor, e representa com certeza a crença da Igreja nascente. As testemunhas do prodígio ainda estão vivas: pode-se interrogá-las e confrontar os seus depoimentos entre si. E o que dizem é unanimemente um eco fiel da resposta que Pedro deu às ameaças do Sinédrio: *Não podemos deixar de falar daquilo que vimos e ouvimos* (At 4, 20).

Fato histórico e mistério

No entanto, é necessário especificar que a Ressurreição de Jesus é ao mesmo tempo um acontecimento histórico e um mistério.

Realmente morto, Jesus voltou realmente à vida. Retomou o *seu* corpo. Os Apóstolos reconheceram-no: viram-no longamente, ouviram-no pausadamente. Não é possível alimentar nenhuma hesitação

A RESSURREIÇÃO, FUNDAMENTO DO CRISTIANISMO

séria acerca da sua sinceridade e da qualidade do seu testemunho.

Mas a vida na qual o Salvador se manifestou a eles não se assemelhava à deles, e também não era mais aquela que tinha levado antes de morrer. Diversas vezes, os discípulos não foram capazes de reconhecê-lo de imediato; outras, as mãos e o lado de Cristo traziam as cicatrizes da crucifixão. Aparecia de repente e desaparecia do mesmo modo. Penetrou numa sala cujas portas estavam fechadas; na verdade, não teve que entrar, antes estava ali e tornou-se visível no momento em que quis.

Mesmo assim, esse corpo "estranho" conservava as funções de um corpo humano: andava, falava, acendia o fogo numa praia. Para dissipar as dúvidas dos Apóstolos, Jesus chegou ao ponto de comer diante deles um pouco de peixe assado. Como podia o seu corpo imaterial ser tocado, como podia assimilar os alimentos? Estamos aqui em presença de questões insolúveis. Com a Igreja, e tomando de empréstimo o vocabulário de São Paulo, dizemos que, depois da Ressurreição, Cristo possuía um "corpo espiritual, glorificado", mas aqui estamos no domínio da fé. "É Ele, sem dúvida", diziam os discípulos: o fato podia ser verificado; mas, quanto à natureza desse corpo e às condições de existência do Salvador ressuscitado, elas escapam às nossas pesquisas e ultrapassam a nossa experiência. Somos incapazes de penetrar

A **VITÓRIA** da **Páscoa**

no seu segredo: diante desse mistério, devemos fazer um *ato de fé*.

Este aspecto misterioso da Ressurreição não deveria surpreender-nos. Seria muito mais assombroso e incompreensível que Jesus tivesse voltado, na tarde da Páscoa, no mesmo estado em que se encontrava antes da sua morte. Que garantias teríamos, neste caso, da nossa Redenção? Na realidade, enquanto permanece todos os dias com a sua Igreja, Cristo ressuscitado já não pertence à nossa terra: Ele *entrou na sua glória* (Lc 24, 25). Eis o que precisávamos saber, aquilo de que Ele queria convencer-nos.

As suas aparições não têm apenas a finalidade de mostrar aos Apóstolos que se desfez dos vínculos da morte, mas também que vivia essa vida celestial que havia prometido àqueles que creriam nele e viriam a possuí-la por sua vez. Acompanhemos cuidadosamente o que diz São Paulo: *Cristo ressuscitou dos mortos* — escreve — *como primícias dos que morrem. Porque, assim como por um homem veio a morte, também por um homem veio a Ressurreição dos mortos. E, assim como em Adão todos morrem, assim também em Cristo todos somos vivificados. Mas cada um a seu tempo: em primeiro lugar, Cristo; depois, na sua vinda* [gloriosa no fim dos tempos] *os que são de Cristo* (1 Cor 15, 20-23). Portanto, Cristo mostrou-se aos discípulos não como quem continuava a habitar o mundo, mas como o *primogênito dentre os mortos*, o *princípio*

A RESSURREIÇÃO, FUNDAMENTO DO CRISTIANISMO

da vida sobrenatural concedida à humanidade resgatada (cf. Col 1, 18).

Cristo ressuscitado apresenta-se aos Apóstolos para suscitar-lhes a fé. Estes, ao revê-lo, compreendem que já não será para eles o Mestre que com eles percorria os caminhos da Galileia. Tomé pôde tocar com a sua mão as chagas do Salvador, e reconheceu o mesmo Jesus que lhe tinha dito: *Eu sou o caminho, a verdade e a vida* (Jo 14, 6). Ao mesmo tempo, uma iluminação interior arrancou-lhe um ato de fé na divindade de Cristo: *Meu Senhor e meu Deus!* (Jo 20, 28). Embora Tomé não tenha crido senão por causa daquilo que acabava de ver, aquilo que cria ultrapassava aquilo que via: "Viu Jesus homem e confessou-o como Deus" (São Gregório).

Assim é também para nós, fiéis, a Ressurreição de Jesus. Uma *realidade* à qual damos o nosso *assentimento* porque ela reúne as condições que se exigem normalmente para que um acontecimento seja considerado histórico; e além disso um *mistério* que exige a nossa *fé,* por causa do caráter miraculoso desse fato e das realidades sobrenaturais que implica.

Hipóteses absurdas

Não se pode acusar a nossa fé cristã de ilogismo. Podemos escolher entre dois fenômenos inexplicáveis: um é o mistério da vida de Cristo

A VITÓRIA da Páscoa

ressuscitado, que ultrapassa o nosso entendimento; o outro é a existência do cristianismo, na hipótese de Jesus não ter ressuscitado, e este é um desafio ao bom-senso. Não é concebível que o cristianismo encontrasse a sua origem na morte espantosa de um homem pregado ao madeiro da infâmia. Se o corpo de Cristo tivesse sofrido o destino de todos os cadáveres, jamais teria havido cristianismo. A fé dos discípulos, a maior parte dos quais ainda esperavam que o Messias viria a restabelecer a nação de Israel na sua glória de outrora, não se teria recuperado do terrível golpe que a derrota vergonhosa do seu Mestre lhe teria desferido. Morto Jesus, estaria também morta a ambição dos discípulos de fazer da terra o Reino de Deus. Teriam voltado para o seu antigo ofício, com o coração triste e ulcerado, talvez incapazes de maldizer o rabino que haviam admirado e amado, mas esforçando-se em todo o caso por esquecer a inverossímil aventura a que as suas ilusões os tinham arrastado e que se tinha transformado na sua vergonha.

Nada há a corrigir nas palavras de Pascal: "A hipótese de que os Apóstolos tenham sido desonestos é completamente absurda". Quem conseguirá crer que esses homens desalentados, momentos depois da sua desilusão, se puseram de acordo para construir uma mentira de semelhantes dimensões: proclamar falsamente a divindade do homem que os tinha enganado involuntariamente?

A RESSURREIÇÃO, FUNDAMENTO DO CRISTIANISMO

E por acaso parece-nos mais razoável pôr em dúvida, não a sua lealdade, mas o seu equilíbrio mental? Supor que apenas imaginaram ver o seu Mestre redivivo? Essa hipótese violentaria os textos dos Evangelhos, que são os primeiros a testemunhar a recusa dos discípulos em admitir a mera ideia da Ressurreição de Cristo. Depois, pensemos no que foi a existência dos Apóstolos: renunciaram à sua profissão, deixaram a sua pátria, suportaram a pobreza, o cansaço, as perseguições, receberam ordens de calar-se ou foram condenados a uma morte violenta. No entanto, nenhum deles se dobrou. Preferiram ser mortos a renegar a sua certeza de terem visto, tocado, ouvido Jesus Cristo durante os quarenta dias que se seguiram à Ressurreição.

Se eles enfrentaram as autoridades judaicas e pagãs; se ousaram ensinar uma doutrina moral que desafia todas as paixões humanas e prescreve aos seus adeptos as virtudes mais austeras; se ousaram pregar uma religião que escandalizava a piedade judaica e não passava de loucura aos olhos dos gregos, é porque Jesus Cristo lhes tinha dado a prova indubitável da sua divindade, voltando depois da morte para conversar com eles, para precisar a sua missão e traçar-lhes o programa do seu apostolado. Se Cristo não tivesse ressuscitado, os homens nunca teriam conhecido as páginas imortais do Evangelho, jamais se teriam inclinado diante de uma cruz, nunca teriam renovado juntos o banquete eucarístico.

A VITÓRIA da Páscoa

Mas avancemos mais. Se tivessem sido vítimas de uma ilusão, os Apóstolos talvez tivessem conseguido convencer um punhado dos seus contemporâneos, mas será razoável supor que a "lenda" que eles transmitiam teria resistido por muito tempo à sadia crítica das inteligências humanas? Teria essa lenda podido encontrar por muito tempo uns ouvintes dispostos a submeter-se à rigorosa disciplina do cristianismo? As primeiras perseguições dos imperadores romanos facilmente a teriam vencido e a pretensa Ressurreição teria ido juntar-se aos outros mitos do paganismo.

Ora, a mensagem dos Apóstolos ultrapassou todos os obstáculos e triunfou de todas as oposições, apesar de todas as forças que se opunham a ela; foi o ponto de partida do maior progresso espiritual que a humanidade jamais conheceu e permanece através dos séculos como uma fonte inesgotável de grandeza e de santidade. De onde vem essa fecundidade do cristianismo, se a sua origem se encontra nos delírios de meia dúzia de espíritos superaquecidos?

Se Jesus Cristo não ressuscitou, as origens do cristianismo são inexplicáveis; se Jesus Cristo não permanece presente na sua Igreja, os vinte séculos da sua história são inexplicáveis. Não há dúvida de que, para nós, o retorno de Cristo à vida e a natureza do seu corpo ressuscitado permanecem envoltos em mistério. Mas ao menos esse mistério encontra-se no seu devido lugar, nesse mundo

A RESSURREIÇÃO, FUNDAMENTO DO CRISTIANISMO

sobrenatural que é o de Deus. Sem a Ressurreição do Salvador, o cristianismo seria uma realidade sem causa. O que o cristão faz é aceitar a única causa que o explica, juntamente com a parte de mistério que ela traz consigo.

O bispo Santo Inácio de Antioquia, a caminho de Roma onde, por volta do ano 110, iria sofrer o martírio, escrevia aos cristãos das regiões que atravessava. Ele, que tinha conhecido pessoalmente os Apóstolos, afirmava com alegria a sua fé: "Sei e creio que, mesmo depois da Ressurreição, Jesus Cristo tinha corpo... Pedro e os seus companheiros puderam tocá-lo e, ao contato íntimo com a sua carne e o seu espírito, creram. Daí o seu desprezo pela morte e a sua vitória sobre ela"*. E também: "Ele ressuscitou verdadeiramente dentre os mortos; e foi o seu Pai quem o ressuscitou e quem um dia nos ressuscitará da mesma forma, a nós que cremos nEle, pela virtude de Jesus Cristo, sem a qual não possuímos a verdadeira vida"**.

Imbuídos dessa mesma certeza, proclamemos por nossa vez, na manhã de Páscoa, a Ressurreição do Salvador que, ao justificar as nossas esperanças, nos estimula a uma fidelidade maior ao Deus que nos dá nesse mistério a mais brilhante prova do seu amor.

---

* Santo Inácio de Antioquia, *Epíst. à Igreja de Esmirna*, 3, 1.

** *Idem, Epíst. aos tralianos*, 3, 1.

AS TESTEMUNHAS DO SALVADOR RESSUSCITADO

> *Deus ressuscitou-o ao terceiro dia, e tornou-o manifesto, não a todo o povo, mas às testemunhas de antemão escolhidas por Ele, a nós que com Ele comemos e bebemos depois de ressuscitado dos mortos* (At 10, 41).

Por que apenas uns poucos?

Tinham-se passado cerca de dez anos sem que a Igreja primitiva tivesse admitido um pagão em seu seio. Foi em consequência de uma indicação expressa do Senhor que Pedro, afrontando os escrúpulos daqueles que o cercavam, batizou o centurião Cornélio, o primeiro pagão convertido. O episódio teve tal repercussão que São Lucas o narra detalhadamente, apresentando-nos nessa ocasião um resumo dos ensinamentos que os catecúmenos recebiam (cf. At 10, 34 43). Ora, a passagem relativa às *testemunhas da Ressurreição de Jesus* exige uma explicação.

São Pedro afirma, com efeito, que Deus não permitiu que Jesus se mostrasse a todo o povo, mas apenas a uns poucos homens escolhidos por antecipado e que tinham sido anteriormente seus discípulos e comido e bebido com Ele depois da sua Ressurreição dentre os mortos. Esta exclusividade causa um certo mal-estar a alguns espíritos, que consideram uma pena que as provas da Ressurreição só tenham sido entregues a um círculo fechado, ao círculo dos amigos. Não teria sido preferível a essa clandestinidade tornar tudo plenamente público? O povo teria caído de joelhos ao rever em vida a vítima ensanguentada cuja morte tinha exigido. A impostura de Caifás, dos sacerdotes e dos anciãos do povo teria sido desmascarada: diante da evidência, eles se teriam visto obrigados a reconhecer a divindade de Cristo. E, nessas condições, não teria o triunfo do Evangelho sido mais brilhante e mais rápido?

Eis como raciocinamos, pobres tolos que ainda pensamos saber mais do que Deus. Reflitamos um pouco.

Antes de mais nada, essa manifestação espetacular teria sido completamente inútil. Os inimigos do Salvador não teriam deixado de gritar que se tratava de uma fraude. Longe de se arrependerem, reiterariam mais violentamente ainda as suas antigas acusações: "Eis a prova de que esse Jesus não era senão o testa-de-ferro de Belzebu que haviam denunciado; a sua aparição não passava de mais uma armadilha diabólica". Recusando todas as oportunidades que o Salvador lhes tinha prodigalizado, rejeitando as provas da sua missão divina que lhes havia dado, pecando contra a Luz, eles

AS TESTEMUNHAS DO SALVADOR RESSUSCITADO

se teriam cegado irremediavelmente. Uma vez que não tinham dado ouvidos nem a Moisés, nem aos profetas, nem a Jesus, também não teriam acreditado se um morto ressuscitado lhes tivesse falado (cf. Lc 16, 31). Foi por isso que o Senhor, que não quisera descer da cruz para que os seus inimigos *vissem e cressem*, como o tinham desafiado a fazer (cf. Mc 15, 32), também não se deixou ver por eles depois da Ressurreição: simplesmente não estavam dispostos a crer nEle.

Por outro lado, aparecer diante de todo um povo maravilhado era algo que teria contrariado todo o caráter de Jesus. Os golpes teatrais não faziam o seu gênero. No deserto, Satanás tinha-lhe sugerido que manifestasse a sua messianidade atirando-se do pináculo do Templo bem no meio da multidão dos peregrinos (cf. Mt 4, 5-7). O Salvador indignara-se com semelhante estratagema: não viera maravilhar os homens, mas convencê-los. Não os conduziria a Deus pelas vias do extraordinário, mas pelos caminhos simples do desinteresse, da humildade e do amor. Não era para os olhos da multidão que Ele falava, mas para o coração de cada um. E agora, depois da sua Ressurreição, por acaso iria desmentir-se a si próprio? Humilhar os homens, esmagá-los com o seu poder: para quê? Para forçá-los a crer nEle? A fé é fruto do amor; não se obriga ninguém a amar.

Concedamos, no entanto, que a aparição do Ressuscitado diante de toda a multidão reunida

A VITÓRIA da Páscoa

em Jerusalém teria podido valer-lhe aclamações mais entusiásticas ainda do que as do Domingo de Ramos: pois bem, quantos desses seguidores tardios e superficiais teriam compreendido o alcance desse prodígio? Que esperariam dessa manifestação pública? Sem sombra de dúvida, nada além da famosa "restauração de Israel" que perpassava toda a imaginação popular. Teriam esquecido num piscar de olhos a Cruz e os sofrimentos pelos quais o Filho do homem *tivera de passar* para *entrar na sua glória;* ter-se-iam escandalizado uma vez mais de que recusasse a coroa real de Davi. E que teriam pensado, por fim, ao ver a aparição subtrair-se definitivamente aos seus olhares, no dia da Ascensão?

Não, Jesus não devia mostrar-se a todo o povo. A sua vitória sobre a morte não era uma desforra política contra aqueles que o tinham condenado injustamente à crucifixão, nem era um prodígio destinado a sobre-excitar os espíritos e a dividi-los novamente. Só os humildes a quem o Pai tinha revelado aquilo que escapava aos *sábios e prudentes* (cf. Mt 11, 25); só aqueles cujos olhos tinham sabido ver em Jesus o enviado de Deus (cf. Lc 10, 21-22), só os pequeninos que tinham crido nEle eram capazes de compreender o verdadeiro significado da sua Ressurreição. Assim, foi apenas a estes que o Senhor entregou as provas, chegando ao ponto de *comer e beber com eles depois de ter ressuscitado dentre os mortos.*

A chave do Evangelho

A Ressurreição seria incompreensível se a destacássemos do restante do Evangelho; ela ratifica aquilo que Cristo nos ensinou acerca da sua Pessoa, da sua missão e da sua obra.

No dia de Pentecostes, Pedro declara aos habitantes de Jerusalém que *Deus, desfazendo os laços da morte, ressuscitou-o, porque não era possível que Ele fosse retido por ela* (At 2, 24). E apoia essa afirmação num versículo de um Salmo, no qual descobre uma profecia messiânica (cf. Sl 16, 8-11).

Ora bem, mesmo que um escriba ouvisse essa declaração de Pedro, ela não o teria persuadido, porque aos seus olhos Cristo não era o Messias e nada impedia que o seu cadáver conhecesse a corrupção do túmulo. Pedro, pelo contrário, depois de mais de dois anos passados ao lado do seu Mestre, aprendeu dele o caráter plenamente espiritual e a missão propriamente religiosa que Deus tinha atribuído ao Messias prometido a Israel. Compreendera e depois professara publicamente em Cesareia de Filipe que Jesus era o Messias. E quando evocava na sua memória tudo o que sabia do Salvador, reconhecia que era impossível que Ele se tornasse presa da morte, porque sabia que Cristo não era um homem divinizado, mas Deus feito homem, o Filho único saído do Pai para vir a este mundo.

A Ressurreição do Senhor tornava-se assim a consequência necessária da sua Encarnação. Se

A VITÓRIA da Páscoa

isolarmos a Ressurreição de toda a vida de Cristo que a precede, ela nos parecerá um prodígio, e nada mais. Vinculada ao Evangelho todo, porém, aparece-nos como o seu coroamento.

Continuemos. Todo o ensinamento do Salvador pressupunha que a sua ação não se limitaria apenas à curta duração da sua estada na Palestina. O Reino de Deus que Ele vinha instaurar sobre a terra devia desenvolver-se progressivamente e atingir o seu pleno amadurecimento no fim do mundo, quando Cristo voltará, na majestade da sua glória, para julgar os homens de todas as nações. Os discípulos que permaneceram fiéis a Jesus até a hora da sua morte conheciam estes dados fundamentais acerca do Reino de Deus, sabiam que o Senhor partiria e que voltaria; mas os outros ignoravam tudo. Era portanto aos discípulos que Cristo ressuscitado devia aparecer, não aos outros.

Os Apóstolos aprenderam do seu Mestre que Deus queria reinar no coração dos homens, transformando-os pouco a pouco à imagem do seu Filho, e também que essa transformação terminaria na vida eterna pela qual os discípulos deviam sacrificar a vida presente. Que prometera Ele aos que tivessem a coragem de segui-lo? *Aquele que crê em mim terá a vida eterna e eu o ressuscitarei no último dia... Onde eu estiver, aí estareis vós comigo* (cf. Jo 6, 40; 17, 42). Essas palavras, entre tantas outras, não fariam o menor sentido se a obra de Jesus tivesse terminado no Calvário. Todo o Evangelho encaminha-nos para

AS TESTEMUNHAS DO SALVADOR RESSUSCITADO

uma outra conclusão, para a posse da vida sobrenatural, a própria vida de Cristo, que Ele partilharia com os seus depois que tivessem passado, como Ele, pelo sacrifício e pela morte.

Os seus discípulos tinham ouvido essas promessas e crido nelas: é a eles que o Salvador ressuscitado quer dar certeza. Só eles estavam em condições de recebê-la. Ao aparecer-lhes numas condições de existência que já não eram as da terra, Cristo apôs o selo à sua doutrina, deu-lhes uma confirmação evidente daquilo que lhes havia ensinado, mostrou-lhes *na sua pessoa* que a vida sobrenatural que lhes prometera não era um engodo. Ali onde Ele está, ali haverão de estar com Ele.

Os Apóstolos reconheceram imediatamente que a Ressurreição do seu Mestre era parte integrante do Evangelho que deviam pregar, a tal ponto que seria inconcebível sem o restante do Evangelho. Assim que as aparições cessaram, a partir da Ascensão, encontramo-los reunidos no Cenáculo com a intenção de escolher um substituto para Judas. Ora, não encontraram senão dois homens com condições de pertencer ao colégio apostólico. Não bastava então que o novo Apóstolo tivesse visto, tal como eles, o Ressuscitado e pudesse assim dar testemunho da sua divindade? Não, uma segunda condição parecia-lhes indispensável: eles deviam associar à sua tarefa, explica Pedro, um *dos varões que nos acompanharam durante todo o tempo em que o Senhor Jesus entrava e saía entre nós, a partir do*

A VITÓRIA da Páscoa

batismo de João até o dia em que Ele foi assunto ao alto do meio de nós (At 1, 21-22). Somente alguém que, como eles, tivesse acompanhado todo o arco da vida pública do Mestre podia tornar-se com eles "testemunha da Ressurreição".

A obra de Jesus forma um todo do qual nada podemos destacar. A sua Ressurreição é o último ato da sua missão, aquele que a esclarece e justifica na sua totalidade. A Cruz e a Ressurreição, estreitamente unidas uma à outra, são a chave que abre todos os segredos do Evangelho.

Andemos em novidade de vida

Cristo não se mostrou a todo o povo. Agora já sabemos a razão, e ela explica-nos ao mesmo tempo por que a Páscoa, a maior festa do ano litúrgico, só é comemorada pelos cristãos. As pessoas que não pertencem à nossa fé conseguem conceber ao menos uma parte da emoção que sentimos na noite de Natal; mesmo a massa dos batizados caídos na indiferença permanece sensível à lembrança do estábulo de Belém e da estrela da Epifania. Mas a Páscoa, a vitória de Cristo sobre a morte, a inauguração da vida sobrenatural sobre a terra, a festa das primícias da nossa Ressurreição, são alegrias desconhecidas para quem quer que não possua ao menos um vislumbre do amor que Deus tem por nós; são alegrias reservadas em plenitude aos privilegiados que conhecem Jesus Cristo.

AS TESTEMUNHAS DO SALVADOR RESSUSCITADO

Rezamos hoje para que o nosso mundo, que desliza tão tristemente para o desespero, aprenda a olhar para esse túmulo vazio do qual Jesus ressurgiu na manhã da Páscoa. Rezemos para que tantos corações humanos fechados, desiludidos e desencorajados descubram as nossas esperanças e desejem partilhá-las. Não há dúvida de que os ajudaremos a fazê-lo sendo *testemunhas fiéis do divino Ressuscitado,* não apenas pela afirmação serena da nossa fé, mas sobretudo pela influência secreta que uma fé vivida exerce ao seu redor. Aqueles que sacodem a cabeça quando lhes falamos da vida sobrenatural talvez suspeitassem da sua existência se a nossa conduta fosse um reflexo mais fiel do Evangelho. Perguntemo-nos se o lugar que concedemos a Cristo no nosso comportamento cotidiano transmite a impressão de que Ele vive junto de nós e de que nós vivemos dEle.

A Páscoa, a passagem do Senhor, seria um enigma menos indecifrável para muitas pessoas se os cristãos lhes mostrassem o espetáculo de peregrinos "em marcha para uma outra vida". Sim, cantemos a plenos pulmões o Aleluia pascal, mas sem esquecer que se trata de um canto marcial. *Assim como Cristo ressuscitou pela glória do Pai,* escreve São Paulo, *assim andemos também nós em novidade de vida* (Rm 6, 4).

O VALOR DOS TESTEMUNHOS

> *A eles* [aos Apóstolos], *depois da sua paixão, apresentou-se vivo com muitas provas, aparecendo-lhes durante quarenta dias e falando-lhes das coisas referentes ao reino de Deus* (At 1, 3).

A explicação "psicológica" da Ressurreição

O fato da Ressurreição é demasiado importante em si mesmo e demasiado grave nas suas consequências para que não tenhamos o direito de ser extremamente exigentes quanto às provas de que tenha ocorrido. Ora, se a sinceridade das testemunhas não pode ser posta em dúvida honestamente, não é raro ouvir argumentos que questionam a realidade objetiva das aparições que determinaram a fé dos Apóstolos. "Não há dúvida de que *pensavam* ver Jesus ressuscitado — concedem os defensores dessa tese —; mas não terão eles, com perfeita boa-fé, exteriorizado uma visão totalmente interior?"

Os contraditores da Ressurreição apresentam-nos, portanto, "os discípulos de Jesus que voltam para a Galileia após o naufrágio da Sexta-feira Santa. Ali, naquele ambiente em que tudo lhes fala do Mestre que não deixaram de amar, as lembranças dessa época carregada de promessas obsessionam-lhes o espírito e levam-nos pouco a pouco a reagir contra a atroz decepção que tinham sofrido. Compreendem então o caráter espiritual do Reino de Deus tal como Jesus o pregava e que tinham tido tanta dificuldade em compreender. Lembram-se das declarações, tão misteriosas para eles, acerca do Filho do homem que ressuscitaria depois de morto, e acabam finalmente por entender o seu sentido. Jesus continua a viver: vive neles! E, uma vez que o seu túmulo foi encontrado vazio dois dias depois do sepultamento, não é isso a prova de que vive? Ao desânimo dos discípulos sucede um estado de exaltação no qual bastará um nada para que pensem vê-lo e proclamem, logo depois, a sua certeza de o terem visto".

Essa hipótese psicológica formulou-se com diversas variantes, mas sempre tem por ponto de partida um preconceito: quando se rejeita *a priori* a existência de qualquer acontecimento sobrenatural, é necessário explicar de forma natural o nascimento e a extensão do cristianismo fundado sobre a Ressurreição de Cristo. E é necessário também apoiar essa tese em algum dado histórico.

Assim, os seus autores fazem finca-pé nas divergências que há entre as narrativas evangélicas da Ressurreição, divergências que, segundo eles, chegariam a ser autênticas contradições. Por exemplo, os discípulos são prevenidos por anjos de que

O VALOR DOS TESTEMUNHOS

Jesus os encontrará na Galileia, e no entanto Ele lhes aparece naquela mesma noite em Jerusalém. São Lucas, por sua vez, não menciona nenhuma aparição na Galileia. Além disso, essas narrativas apresentariam um tom vago, confuso, que estaria em nítido contraste com a precisão de um acontecimento histórico.

Não devemos descartar com um gesto desdenhoso as suspeitas que essa hipótese lança sobre o valor das afirmações dos primeiros discípulos. É indispensável que comprovemos que ela não resiste ao exame dos textos incriminados, os únicos que nos permitem conhecer tanto as origens do cristianismo como a Ressurreição do Salvador. Pode-se fazer um texto dizer muitas coisas: é uma questão de engenhosidade. Mas é mais científico examinar em primeiro lugar aquilo que esse texto diz.

O que dizem os textos

Falemos com clareza. Segundo a explicação que nos é proposta, os Apóstolos seriam simplesmente uns visionários. A alucinação provém de uma doença mental: é um fenômeno neurológico pelo qual uma pessoa confere realidade às suas ideias, desejos ou temores. Ora, tudo o que sabemos sobre os Apóstolos nos impede de considerá-los neuróticos ou psicóticos. Não são personalidades frágeis e exaltadas, mas homens de cabeça sólida e pés firmemente plantados no chão.

A VITÓRIA da Páscoa

Por outro lado, se o alucinado imagina ver aquilo que pensa, podemos ficar perfeitamente tranquilos, pois os Apóstolos professavam evidentemente as ideias religiosas do seu tempo, e os judeus, que criam na Ressurreição dos justos no fim do mundo, não alimentavam de forma alguma a ideia de que algum dentre eles pudesse ressuscitar logo depois da morte.

Com efeito, os discípulos, entregues à tristeza, esperam tão pouco pela Ressurreição de Cristo que pensam que as mulheres que lhes trazem as primeiras notícias são presas de delírio (cf. Lc 24, 11). Pedro e João correm ao túmulo: está vazio. É nesse momento, parece-nos, que poderia ocorrer uma alucinação: no entanto, os dois Apóstolos observam tudo atentamente, mas não enxergam ninguém. Nem eles nem os seus companheiros alimentam a ideia de um Messias vencedor da morte; têm apenas a imagem de um profeta vencido, abandonado por Deus, um "Salvador que não tinha conseguido salvar-se a si mesmo" (cf. Mt 27, 42).

E como reagem quando Jesus lhes aparece? Longe de provocar neles uma alegria entusiástica, o primeiro efeito que a aparição lhes causa é deixá-los aterrados (cf. Lc 24, 37). Ora, um alucinado não duvida das suas visões, sofre-as; eles, pelo contrário, começam por defender-se contra aquilo que veem e a que não sabem dar senão o nome de "fantasma" (cf. Lc 24, 38-43). Desconfiam de si mesmos, temem que os olhos os estejam enganando. Jesus fala-lhes, mas eles não creem no que ouvem. Precisarão tocar o corpo do Mestre para convencer-se, e aqueles que não tiverem feito essa experiência recusar-se-ão ainda a crer que Ele tenha ressuscitado (cf. Mt 28, 17).

Este efeito-surpresa reproduz-se a cada nova aparição. Em nenhum caso vemos os discípulos rezarem juntos à espera de uma visão. O Salvador apresenta-se diante deles de improviso, enquanto realizam as ações mais profanas: ao viajarem, no fim de uma refeição, ao voltarem da pesca. Umas visões individuais, isoladas, poderiam deixar-nos de sobreaviso; mas a maior parte das aparições do Senhor ocorre diante de diversas testemunhas, e todos veem o mesmo ao mesmo tempo. Duas, sete, onze pessoas, certa vez até quinhentas, viram-no juntas. Todos puderam acompanhar os mesmos gestos do Salvador, todos ouviram as mesmas palavras. Segundo os psiquiatras, não se conhece nenhum exemplo de alucinações coletivas síncronas.

Também seria inaudito que uma pessoa alucinada perseverasse no seu estado: ou a doença se agrava e a vítima acaba por cair na alienação mental, ou essa pessoa se cura das perturbações, e neste caso sente vergonha até de aludir às pretensas visões cuja falsidade reconheceu. Como é diferente a atitude dos discípulos que viram o Salvador ressuscitado! Permanecem até o fim da vida unânime e inabalavelmente fiéis à sua certeza. Nem um só deles volta atrás, nem um só deles lança a menor dúvida sobre o fato de que comeram e beberam com Cristo depois da sua Ressurreição dentre os mortos, e de que o Senhor lhes *mandou pregar ao povo e testemunhar que Ele fora constituído por Deus juiz dos vivos e dos mortos* (At 10, 41-42).

Nenhuma das observações que acabamos de fazer é fruto de uma interpretação tendenciosa dos textos de que dispomos; pelo contrário, refletem exatamente a impressão de conjunto que se impõe ao leitor desprovido de preconceitos. Uma pesquisa mais detalhada das narrativas evangélicas, tomadas cada uma em particular, por acaso seria mais conclusiva? Façamos a prova.

Relatos selecionados

Alguns surpreendem-se de que os quatro Evangelhos não contenham um mesmo e único relato das aparições. Mas, gostaríamos de perguntar, quais não seriam as objeções que se levantariam se os quatro escritores, que perseguem cada qual uma finalidade particular e se dirigem a públicos diferentes, de repente, no final dos seus livros, reproduzissem o mesmo relato estereotipado?

Observemos, antes de mais nada, que os nossos Evangelhos jamais teriam sido escritos se os seus autores não tivessem a certeza da Ressurreição.

O VALOR DOS TESTEMUNHOS

Este ponto não admite contestação. Além disso, todos os quatro foram redigidos depois da primeira Epístola aos Coríntios, na qual São Paulo inseriu o breve resumo da catequese oral de que falamos acima e que ele mesmo *recebeu* (cf. 1 Cor 15, 3-7). Essa catequese esquemática era conhecida por todos os primeiros cristãos e, em consequência, pelos evangelistas.

Portanto, se esse resumo de São Paulo não menciona as aparições do Senhor a Maria Madalena e aos discípulos de Emaús talvez porque nem ela nem eles se encontravam entre os que tinham sido escolhidos de antemão para serem testemunhas da Ressurreição —, em contrapartida cita uma aparição a Tiago que nenhum dos evangelistas refere, e outra a "quinhentos irmãos", que também não são mencionados expressamente. Em suma, podemos afirmar sem hesitação que os evangelistas não quiseram contar *todas* as aparições.

Na realidade, eles não tinham a intenção de *provar* a Ressurreição de Jesus a uns homens que duvidavam dela. Limitaram-se a *afirmar* esse fato, que é a certeza fundamental da Igreja, o coroamento da missão terrena de Jesus e a prova definitiva da sua divindade. Não consideraram necessário enumerar todas as aparições que conheciam e de que todos os cristãos do seu tempo estavam informados. Fizeram uma seleção dentre as aparições, tal como escolheram os acontecimentos que lhes interessava relatar acerca do ministério de Jesus

A VITÓRIA da Páscoa

antes da sua morte*: as suas viagens, milagres e ensinamentos. Com que fundamento poderíamos afirmar que Mateus ignorava a parábola do bom samaritano só porque ela não figura no seu Evangelho? Com que direito censuraríamos Lucas por ter omitido a do servo impiedoso, que só encontramos em Mateus? Não seria menos arbitrário insinuar que cada um dos quatro narradores ignorava as aparições do Ressuscitado que constam somente das outras narrativas.

A seleção feita por cada evangelista poderia dar margem a críticas se as aparições descritas por uns e por outros não pudessem harmonizar-se entre si. Em breve mostraremos que não é assim. Ao mesmo tempo, veremos que determinadas divergências no detalhe dos relatos divergências reais que os críticos gostam de sublinhar juntamente com estas ou aquelas negligências de redação — trazem a marca da intensa emoção e até da confusão que se produziu nos discípulos pelo inesperado acontecimento da Ressurreição. A fixação das datas e a menção de umas quantas particularidades tinha muito pouca importância para os primeiros pregadores — e, portanto, para os evangelistas —, diante da prodigiosa realidade que tinha desconcertado de repente os antigos discípulos do Salvador.

---

* Na maior parte dos comentários, encontram-se os indícios que permitem afirmar que a escolha feita pelos evangelistas correspondia à finalidade que cada um tinha em vista.

O VALOR DOS TESTEMUNHOS

Uma cronologia rigorosa ou um cenário cuidadosamente descrito seriam muito mais suspeitos do que as páginas que encontramos nos Evangelhos, em que relatos bastante extensos figuram misturados com anotações rápidas e impressões imediatas. Essa falta de cuidado já nos dá a impressão de estarmos diante de umas testemunhas oculares. E essa impressão torna-se ainda mais viva quando examinamos mais de perto os textos, como faremos nos próximos capítulos.

Não foi uma fé subjetiva

Gostaria de concluir com duas reflexões. A primeira é-nos inspirada por São Lucas, que no começo do livro dos Atos dos Apóstolos declara que Jesus deu aos seus discípulos *muitas provas* de que estava vivo, aparecendo-lhes *durante quarenta dias* para lhes falar do Reino de Deus (At 1, 3). Esta frase, além de dar a entender que as aparições talvez tenham sido mais frequentes do que sabemos, contém uma informação preciosa que por si só arruina a inverossímil hipótese das alucinações: o Salvador apresentou-se aos seus discípulos *durante os quarenta dias que se seguiram à sua Ressurreição, e depois disso nenhum deles tornou a vê-lo* (com exceção do caso especial de São Paulo).

Ora, as visões subjetivas dependem unicamente das disposições pessoais dos alucinados. Por que então as suas "alucinações" teriam cessado — e para todos simultaneamente — ao cabo de quarenta dias? As suas primeiras experiências, muito naturalmente, deveriam ter-lhes aumentado o desejo de voltar a ver e ouvir o Mestre. Se declaram que, passados esses quarenta dias, Jesus não voltou mais, é inegável que essas aparições não dependiam deles, mas dAquele que se mostrava aos seus olhos.

Segunda observação não menos conclusiva. As reconstituições psicológicas inventadas para explicar que, de volta à Galileia, a fiel afeição dos discípulos pelo Salvador os teria levado a acreditar na sua sobrevivência, desfazem-se diante da completa concordância entre os documentos. Jesus começou a manifestar-se *em Jerusalém* (as "evocações das antigas lembranças da Galileia" são puro romance) e *no terceiro dia após a morte.* A passagem do estado de prostração em que os amigos do Mestre tinham mergulhado pela trágica condenação e terrível suplício para o estado de sobre-excitação que teria feito deles uns alucinados pressupõe uma certa elaboração. Seria necessário com certeza um lapso de tempo bem mais considerável do que os três dias que decorreram entre a sepultura e a primeira aparição no Cenáculo.

Não foi, portanto, uma fé subjetiva que conduziu lentamente os Apóstolos a crer que viam Jesus aparecer-lhes na sua própria carne; muito pelo

O VALOR DOS TESTEMUNHOS

contrário, foram o seu brusco retorno para o meio deles e as aparições repetidas que criaram e consolidaram a sua fé. Foi somente depois de o terem visto, tocado e ouvido que puderam compreender o que o Salvador tinha querido dizer-lhes quando lhes falava da sua Ressurreição dentre os mortos. Foi somente porque Jesus conversou frequente e longamente com eles acerca das realidades do Reino de Deus que começaram a deixar de lado as suas ilusões sobre o messianismo terreno e a compreender que o Reino de Deus que deviam instaurar sobre a terra encontraria o seu acabamento na glória em que Cristo os precedia e em que todos os seus discípulos tornariam a encontrá--lo. E foi então que os Apóstolos conseguiram medir em toda a sua perturbadora realidade o privilégio inaudito que lhes fora dado de viver durante quase três anos na doce intimidade do Filho de Deus.

Podemos receber, portanto, o seu testemunho com toda a segurança, sem que tenhamos de submeter ao crivo da crítica os textos evangélicos. Mas, como há quem queira encontrar contradições entre os diversos relatos, não será inútil verificar que eles se encaixam sem dificuldade uns nos outros. Isto permitir-nos-á ao menos reviver as emoções dos discípulos durante a memorável jornada da Ressurreição do Salvador e durante as semanas seguintes. Não buscaremos nesta tarefa a mera satisfação de uma reconstituição histórica: cada

A VITÓRIA da Páscoa

um dos episódios contém uma lição que nos mostrará as inesgotáveis riquezas do mistério pascal e que guiará os nossos passos na nova estrada que Cristo ressuscitado nos abriu.

NO ALVORECER DO TERCEIRO DIA

> *Diziam entre si: "Quem nos removerá a pedra da porta do sepulcro?"* (Mc 16, 3).

As ovelhas dispersas

Ferirei o pastor e dispersar-se-ão as ovelhas (cf. Mc 14, 27). O Senhor mencionou este oráculo profético ao declarar aos Apóstolos que todos o abandonariam na hora da provação.

Com efeito, quando se precipitaram os trágicos acontecimentos da Sexta-feira Santa, eles "se dispersaram" pela cidade. Não parece razoável supor que, na sua prostração, tenham permanecido agrupados no Cenáculo ou em outro lugar: que teriam a combinar entre si? A sua dor era demasiado viva, e igualmente a sua vergonha; além disso, tinham boas razões para temer que as autoridades judaicas, depois do seu triunfo, perseguissem também os partidários de Jesus: era preferível não chamar a atenção. Graças aos numerosos peregrinos alojados em Jerusalém e nos arredores durante as festas pascais, passaram despercebidos; casas amigas ofereceram-lhes um refúgio seguro.

Sabemos que João levou consigo a Mãe de Jesus. Quanto a Pedro, não sentiria necessidade de que o

A **VITÓRIA** da Páscoa

deixassem a sós, entregue ao seu remorso e à sua dor? Quando Jesus lhe aparecer no domingo, ele estará só, e quando Maria Madalena vir o túmulo vazio, correrá *para junto* de Simão Pedro *e para junto* do outro discípulo, aquele que Jesus amava (cf. Jo 20, 2). Pedro e João, portanto, não se encontravam no mesmo lugar. O Apóstolo Tomé não pôde ser encontrado ao entardecer do domingo, quando os Onze decidiram reunir-se. E as santas mulheres devem igualmente ter-se separado.

Essa dispersão dos amigos do Salvador por uma cidade com as ruas tomadas pela multidão explica perfeitamente as idas e vindas entre Jerusalém e o túmulo do Gólgota a que iremos assistir.

As santas mulheres

Pouco tempo depois do sepultamento de Jesus, haviam-se acendido as primeiras luzes do *sabbath*. Era um *sabbath* solene: ninguém teria sonhado em infringir o rigoroso preceito do repouso. Só depois do pôr-do-sol as santas mulheres puderam ir comprar os aromas e os óleos perfumados com que desejavam ungir o corpo do Salvador, a fim de completar o embalsamamento apressado da sexta-feira.

Ignoravam ainda que, apesar do sábado, os sumos sacerdotes e os fariseus tinham solicitado a Pilatos que encarregasse um pelotão de soldados de vigiar o sepulcro e que os próprios sinedritas

NO ALVORECER DO TERCEIRO DIA

tinham selado a pedra que fechava a entrada. No entanto, as circunstâncias aconselhavam-nas a agir com prudência e a levar a cabo o seu piedoso ofício logo ao amanhecer do domingo.

Quantas eram exatamente? Pelo menos seis, e talvez mais; em todo o caso, os quatro relatos mencionam Maria Madalena. Deixaram a cidade em pequenos grupos *quando ainda estava escuro* (Jo 20, 1), para chegarem ao horto de José de Arimateia *ao nascer do sol* (Mc 16, 2).

Nenhuma delas fazia ideia do espetáculo que as esperava. Os vasos de perfumes que levavam consigo indicam com suficiente clareza que apenas pretendiam prestar uma última homenagem ao cadáver do seu Mestre bem-amado. Uma preocupação pesava sobre elas: na antevéspera, tinham podido observar a disposição do túmulo; ora, a pedra que lhe fechava a entrada *era muito grande* (Mc 16, 4), e elas se perguntavam se, a essa hora matinal, encontrariam alguém que fizesse rolar essa pesada massa na ranhura em que se encaixava.

Enquanto caminhavam, sentiram a terra tremer sob os pés, embora menos fortemente que na hora em que Jesus tinha entregado o espírito; aliás, não é raro que os terremotos sejam seguidos de alguns abalos sísmicos isolados. Mais tarde, os cristãos, lembrando-se de que o solo tinha tremido tanto na hora em que Cristo morrera como naquela em que ressuscitara, gostavam de sublinhar esse paralelo a que Mateus fez questão

A VITÓRIA da Páscoa

de aludir (cf. Mt 28, 2). As mulheres da Galileia não deixaram por isso de seguir o seu caminho; uma única preocupação as absorvia: *Quem nos removerá a pedra da porta do sepulcro?* No entanto, quantas vezes tinham ouvido o Salvador aconselhar-lhes que não cedessem nunca à inquietação! É raro que os acontecimentos se deem tal como nós os tememos; perdemo-nos em suposições e em precauções, e as coisas acontecem de forma completamente diferente do que tínhamos previsto. É muito mais simples entregar-se nas mãos de Deus. As santas mulheres em breve teriam a evidência disso, pois, ao chegarem perto do túmulo, foram tomadas de espanto: o sepulcro estava aberto, a pedra tinha sido afastada.

Façamos aqui uma observação muito importante. Os evangelistas falam-nos de Cristo ressuscitado, mas nenhum deles diz uma única palavra quanto ao acontecimento da Ressurreição propriamente dito. Um falsário não teria deixado de descrever esse prodígio com uma infinidade de detalhes, como os apócrifos se aventuraram a fazer pouco tempo depois. Os evangelistas relatam unicamente aquilo que os discípulos viram; não satisfazem a nossa curiosidade quanto ao que aconteceu sem que houvesse testemunhas. Essa estrita reserva é para nós uma preciosa garantia da sua veracidade. O que se pôde comprovar devidamente foi que ao amanhecer do terceiro dia o túmulo estava vazio; mas ninguém viu Jesus sair dele.

NO ALVORECER DO TERCEIRO DIA

São Mateus, porém, transmitiu-nos a versão que as autoridades judaicas compuseram logo a seguir ao evento prodigioso e que se repetia ainda quando escreveu o seu Evangelho. Os sinedritas, depois de terem deliberado, subornaram os guardas com uma bela soma de dinheiro e encarregaram-nos de divulgar a explicação oficial: *"Dizei que, 'vindo de noite os discípulos, roubaram o corpo enquanto dormíamos'. E, se a coisa chegar aos ouvidos do procurador, nós o aplacaremos e estareis seguros"* (Mt 28, 11-15).

Os guardas, com efeito, acordados em sobressalto devido ao tremor de terra, tinham visto a pedra afastada e o túmulo vazio. E, mortos de medo, tinham fugido precipitadamente para fazer o seu relatório aos sumos sacerdotes.

Os procedimentos redacionais do primeiro evangelista não nos permitem discernir com certeza se, segundo ele, os soldados viram o anjo ou se essa visão foi reservada às mulheres. Parece preferível esta segunda interpretação, de acordo com os relatos mais circunstanciados de Marcos e Lucas.

Estes evangelistas pintam-nos o pavor das santas mulheres diante do túmulo amplamente aberto. Poderia alguém ter profanado o túmulo do Mestre? A ideia de contrair semelhante impureza não afloraria sequer ao espírito de um judeu piedoso. Enquanto o pequeno grupo permanecia sem saber o que fazer, Maria Madalena pensou imediatamente que convinha alertar sem perda de tempo Pedro e João. Deixou o horto correndo para ir informá-los

A **VITÓRIA** da Páscoa

(cf. Jo 20, 1-2). Se tivesse visto o anjo, certamente teria permanecido com as suas companheiras. Nenhuma das mulheres tinha presente a hipótese da Ressurreição. Uma vez repostas do seu estupor, algumas criaram coragem e penetraram na câmara funerária, cavada na rocha; ao fundo, na maior obscuridade, enxergava-se a mesa de pedra sobre a qual havia sido deposto o corpo do Senhor. *Entrando, não encontraram o corpo do Senhor Jesus* (Lc 24, 3). Mas, assim que saíram, Deus lhes deu a conhecer a inverossímil verdade.

Um anjo ou dois?

Estando perplexas com isso, lemos em São Lucas, *apresentaram-se-lhes dois homens em vestes deslumbrantes* (Lc 24, 4). Os dois primeiros evangelistas mencionam apenas um único personagem: *um jovem, sentado à direita, vestido de túnica branca* (Mc 16, 5); o *anjo do Senhor* [...] *sentou-se sobre a pedra. O seu aspecto era como de um relâmpago e a sua veste branca como a neve* (Mt 28, 2-3).

Os buscadores de picuinhas não deixaram escapar esta ocasião de apanhar os evangelistas em contradição. Veremos que, mais tarde, nessa mesma manhã, Maria Madalena viu por sua vez dois anjos. Deveremos dizer que Lucas fez uma confusão entre as duas aparições angélicas e que, da primeira vez, não havia senão um único anjo, como dizem Mateus e Marcos? Ou então que as

NO ALVORECER DO TERCEIRO DIA

mulheres da Galileia viram efetivamente dois anjos, como escreve Lucas, mas que só um tomou a palavra e que por isso só este consta da tradição retida pelos outros evangelistas?

As duas explicações são igualmente plausíveis. Mas é preciso confessar que a importância desta disputa é bem secundária, e perdoaremos com facilidade os primeiros pregadores do Evangelho por não se terem preocupado em dar uma solução clara a este problema. Eles sabiam que a primeira afirmação da Ressurreição de Jesus era uma intervenção angélica, e é sobretudo esta "mensagem" celeste que guardaram na lembrança.

Também a nós, é só isto o que nos interessa, e se pensarmos na emoção daquelas mulheres, na perturbação que as levou a *baixar os olhos para a terra* (Lc 24, 5), não nos surpreenderemos de que os relatos tenham sido transmitidos com leves diferenças por uns e outros. O fundo da mensagem é idêntico nos três. Seria inédito que umas declarações de testemunhas oculares, transmitidas de boca em boca, não tivessem sofrido rapidamente algumas variantes, que não alteram de forma alguma a autenticidade central.

As primeiras testemunhas

Não está aqui, ressuscitou. Esta frase capital figura nos três relatos. O texto de Lucas reveste-se de uma solenidade particular: *"Por que buscais entre*

A VITÓRIA da Páscoa

os mortos aquele que vive? Não está aqui, ressuscitou. Lembrai-vos de como Ele vos falou, quando ainda estava na Galileia, dizendo que o Filho do homem havia de ser entregue às mãos dos pecadores, ser crucificado e ressuscitar ao terceiro dia". Elas se lembraram das suas palavras (Lc 24, 5-8).

Os relatos de Marcos e Mateus são mais ou menos semelhantes. A sua linguagem, mais entrecortada, é também mais viva. O anjo começa por acalmar as mulheres que tremem em todos os seus membros, e que acima de tudo desejariam fugir: *"Não vos assusteis. Buscais Jesus Nazareno, o crucificado; ressuscitou, não está aqui* (Mateus acrescenta: *'conforme tinha dito',* resumindo em duas palavras o discurso mais extenso de Lucas); *olhai o lugar onde o depusestes"* (Mc 16, 6; Mt 28, 5-6).

Mas tudo isso pertence ao passado. Um futuro imenso abre-se diante da pequena Igreja de Jesus: *"Ide logo e dizei aos seus discípulos que Ele ressuscitou dos mortos e vos leva de volta* para a Galileia; ali o vereis. Eis que vo-lo disse"* (Mt 28, 7).

Essas boníssimas mulheres da Galileia bem mereciam ser as primeiras a tomar conhecimento da vitória da Páscoa. Durante meses e meses, permanecendo discretamente na sombra, haviam cuidado

---

* Ao invés de "precede" ou "vai adiante". O verbo grego geralmente traduzido aqui por "preceder" tem na maioria das vezes o sentido de "empurrar diante de si", "fazer avançar", "levar de volta". O Bom Pastor reunirá na Galileia o seu rebanho disperso (cf. Mc 14, 27), como um pastor que anda adiante das suas ovelhas (cf. Jo 10, 4). Esta tradução permite compreender que a ordem de voltar para a Galileia não excluía a intenção do Senhor de antes rever os seus discípulos na própria Jerusalém.

do bem material dos discípulos que acompanhavam o Senhor. Sem tomar parte nas discussões que tanto apaixonam os homens, encontravam a recompensa da sua devoção nos ensinamentos que Cristo reservava para os seus íntimos. E por receberem docilmente a sua palavra, talvez estivessem mais bem preparadas que os Apóstolos para a terrível tragédia do Calvário.

As mulheres são, via de regra, mais religiosas que os homens; mas isso não se deve, seja o que for que se diga, a que habitualmente manifestem mais sentimentalismo na expressão da sua fé. A causa é mais profunda: a sua fé é sobretudo uma *fidelidade*. Elas raciocinam tão bem como os homens, embora de forma diferente, e a sua intuição as conduz ao interior do mistério melhor do que as nossas deduções cerradas. Também atravessam as regiões da obscuridade e da dúvida com um passo mais firme, porque se deram a Deus com todo o seu ser no seu ato de fé. Além disso, sabem esperar: ao passo que o homem corta um nó com um golpe de canivete, a mulher o desata pacientemente. As nossas irmãs aceitam com mais coragem do que nós, os homens, os rigores incompreensíveis da adversidade: mesmo nos piores momentos do fracasso, sabem que a última palavra ainda não foi pronunciada e que é Deus quem a dirá. A sua confiança é mais íntima, mais pura e, sem que saibam explicar por quê, acabam normalmente por ter razão.

Assim, enquanto os discípulos — com exceção de João, que não tinha deixado Maria — ruminavam sombriamente a sua decepção e a sua dor, concluindo que já não havia nada a fazer, as mulheres da Galileia tinham pensado que ainda podiam fazer alguma coisa. Pelo menos um gesto de afeto para honrar a sepultura de Jesus. Tinham obedecido à sua fidelidade.

Foi somente quando já estavam a caminho que tomaram consciência da sua temeridade: não tinham levado a menor alavanca para fazer rolar a imensa pedra. No entanto, foram adiante: já veriam. E, como tinham sido as mais pressurosas, foi a elas que Jesus mandou dizer que não deviam mais buscá-lo entre os mortos. *Não está aqui, ressuscitou!*

Os anjos desapareceram, a pedra jazia por terra, o túmulo estava vazio. O Senhor vencera a morte. Teriam terminado os sofrimentos daquelas mulheres? Não, ainda teriam de rolar outra pedra ainda mais pesada: aquela que encerrava os melhores dos homens na sua incapacidade de crer.

Desvarios de mulheres

"Ide logo e dizei aos seus discípulos..." Nada contribui tanto para apaziguar as nossas perturbações interiores como realizar um ato físico: o senhorio que é preciso exercer sobre o corpo torna-nos mais senhores do nosso pensamento. No entanto, o pequeno grupo separou-se antes de voltar

NO ALVORECER DO TERCEIRO DIA

a Jerusalém. Agora já era pleno dia, era preciso não chamar a atenção de todos esses passantes que ficariam intrigados ao ver tantas mulheres com vasos de aromas e frascos de perfume entre as mãos. Por maior que fosse a pressa que tinham em cumprir a sua missão, a prudência sugeriu--lhes que voltassem à cidade em grupos menores, enfiando a seguir por ruas diferentes.

É o que transparece nas anotações dos evangelistas. Marcos fala-nos de um pequeno grupo de mulheres, tão assustadas e aturdidas que, ao chegarem à cidade, lhes faltaram tanto o fôlego como a palavra: *a ninguém disseram nada* (Mc 16, 8). Mateus, com a sua costumeira concisão, mostra--nos umas mensageiras igualmente atemorizadas, mas ao mesmo tempo *pressurosas,* cheias de alegria, que não perderam tempo pelo caminho para levar a Boa-Nova aos discípulos (cf. Mt 28, 8).

Ainda não nos esquecemos de que, antes da intervenção do anjo, Maria Madalena se tinha escapado do horto para correr à procura de Pedro e de João. Quando estes chegaram por sua vez ao túmulo, as mulheres já não estavam lá, pois circulavam pelas ruas de Jerusalém sem conseguirem encontrar os dois grandes Apóstolos. Em contrapartida, não tardaram a encontrar alguns dos Onze e outros discípulos do Mestre. A essas horas, os peregrinos dirigiam-se em grandes multidões para o Templo. Podemos ler entre as linhas do relato de São Lucas que elas tomaram os discípulos à parte para lhes transmitir a mensagem de que tinham sido encarregadas, e que os amigos de Jesus se reuniram aqui e ali para comentar a estranha novidade. O que o evangelista não nos oculta é o acolhimento que deram ao relato das mulheres: *Disseram isto aos apóstolos, mas a estes pareciam delírios tais relatos, e eles não lhes creram* (Lc 24, 11).

Merece elogios essa desconfiança dos discípulos, e a sua confusão os desculpa por tratarem as mulheres da Galileia como *delirantes*. O que os desconcertou foi, em primeiro lugar, a desaparição do corpo de Jesus. Devem ter pensado que se tratava de mais uma maldade da parte dos seus inimigos, que queriam privar o Senhor de uma sepultura demasiado honrosa para um supliciado. O mais urgente parecia-lhes descobrir o lugar para onde o tinham levado.

Quanto às histórias de anjos de que essas mulheres falavam todas ao mesmo tempo, tinham algo de desvario. O estado de sobre-excitação em que se encontravam bastava para tornar suspeitas as suas declarações. Os seus olhos ainda úmidos de lágrimas tinham acreditado ver uns personagens no simples brilho de um raio de sol.

Em vão recomeçavam elas o seu relato, acrescentando talvez novos detalhes para convencê-los por meio de uma precisão maior, mas não conseguiam vencer o ceticismo dos discípulos. — "Uma só coisa é certa: o túmulo foi profanado", diziam. Mas elas insistiam: — "O anjo disse: 'Por que buscais entre os mortos Aquele que vive?'" — "Vivo, o Mestre que se deixou conduzir à carnificina? Vivo, esse corpo flagelado, exangue, que não passava de uma chaga dos pés à cabeça? Anjos, anjos! A Ele, *vós não o vistes*. Se o Mestre vivesse, ter-se-ia manifestado em pessoa". *E eles não lhes creram* (Lc 24, 24).

Recusando-se a crer o que diziam as santas mulheres, os Apóstolos e os discípulos atestavam ao menos que estavam muito longe de supor que o Salvador devesse levantar-se da morte. Essa incredulidade é preciosa para nós, pois se esses primeiros levantaram as objeções que nos vêm ao espírito, dispensam-nos de nos determos nelas. A sua obstinação garante-nos a objetividade do testemunho que eles dariam mais tarde.

Com certeza, estranhariam que o Salvador ressuscitado não lhes desse imediata e diretamente a certeza de estar vivo, mas a própria realidade da Ressurreição exigia essas demoras e essas etapas fixadas por Deus para lhes fazer a revelação. Suponhamos que o Salvador se tivesse apresentado inopinadamente a alguns dos seus discípulos ao amanhecer do terceiro dia: estes teriam pensado que Cristo havia retomado a sua vida humana de outrora, como acontecera com Lázaro, e se teriam extraviado numa estranha confusão. Ao deixar o túmulo, Jesus havia entrado numa vida nova, sobrenatural, que o subtraía às nossas condições de existência habituais.

A **VITÓRIA** da Páscoa

Se as portadoras da mensagem da Páscoa não encontraram crédito junto dos discípulos, essa notícia ao menos orientou o espírito destes para a verdadeira natureza da Ressurreição. Assim o confessaram os discípulos de Emaús: *Assustaram--nos também certas mulheres das nossas* (Lc 24, 22). Essa perturbação era necessária antes que Jesus lhes desse a prova da sua nova vida. Era preciso que a simples possibilidade da Ressurreição, tão estranha às suas concepções quanto às suas esperanças, começasse a operar neles uma mudança de mentalidade. Precisavam de algum tempo — e o Senhor não prolongaria muito a sua espera — para acolher a ideia de que Jesus não devia mais ser buscado entre os mortos nem entre os mortais, e que estava ao mesmo tempo vivo e invisível.

E, sem dúvida, antes de reverem o Mestre, precisavam também de tempo para orar.

PEDRO E JOÃO NO SEPULCRO

Saiu, pois, Pedro e o outro discípulo, e foram ao sepulcro
(Jo 20, 3).

Uma fraude?

Assim que vira o túmulo aberto, Maria Madalena tinha voltado precipitadamente a Jerusalém, à procura de Pedro e de João. *"Tiraram o Senhor do sepulcro, e não sabemos onde o puseram"* (Jo 20, 2). O pronome "nós" diz respeito ao grupo de mulheres do qual ela fazia parte, mas, tendo deixado as suas companheiras antes da aparição angélica, ela não podia anunciar aos dois Apóstolos a Ressurreição do Salvador. Ainda partilhava a convicção que se impusera à primeira vista às visitantes matinais: o corpo fora roubado. Quem poderia ter cometido esse ato sacrílego? Com certeza os inimigos do Senhor.

Não é inútil verificar que, diante da desaparição do corpo, os amigos mais caros do Senhor, longe de exclamarem imediatamente: "Prodígio! Milagre!", começaram por pensar na explicação mais natural, a de um sequestro sub-reptício.

É igualmente a essa explicação que os negadores do sobrenatural se agarrarão obstinadamente ao

A VITÓRIA da Páscoa

longo dos séculos. Antes que admitir um milagre, imaginarão as hipóteses mais fantásticas, quando a fria leitura dos textos não autoriza nenhuma.

Uns atribuíram o "roubo" aos discípulos de Jesus, que teriam pretendido fazer crer que Ele havia ressuscitado. Essa acusação de fraude foi devidamente reprovada há muito tempo: é uma invenção lamentável admitir que os Apóstolos tivessem fundado a fé e a pregação de toda a sua vida sobre uma impostura. Seria o mesmo que dar crédito à mentira combinada pelos sumos sacerdotes com os guardas, que nos foi relatada por São Mateus (cf. Mt 28, 11-15).

Os discípulos teriam rompido os selos e violado a sepultura enquanto os guardas dormiam: estranhas sentinelas essas que dormiam todas ao mesmo tempo e que não teriam acordado nem mesmo com o rodar da pedra! — "Astúcia miserável, respondia Santo Agostinho, apresentas umas testemunhas adormecidas! Na verdade, tu mesmo deves estar a cair de sono para te afundares em semelhantes suposições". O estratagema dos sinedritas atesta simplesmente que o cadáver tinha desaparecido na manhã do terceiro dia, e que não faziam a menor ideia da causa.

Assim, a maior parte dos defensores da hipótese do sequestro preferiram atribuir a iniciativa aos adversários de Jesus. "As autoridades judias, dizem-nos, tinham interesse em fazer desaparecer o corpo. Esse sepulcro, aliás honroso demais para um

PEDRO E JOÃO NO SEPULCRO

crucificado, arriscava transformar-se num lugar de peregrinação para os seus discípulos. Transportar de noite o corpo para um lugar secreto, ou mesmo destruí-lo, era uma simples brincadeira para eles. E como ninguém saberia o que tinha sido feito dele, em breve já não se ouviria falar de Cristo". Esta conjetura, à primeira vista plausível, choca com a realidade dos fatos que São Lucas nos garante ao descrever as origens da Igreja.

O milagre das línguas no dia de Pentecostes, a cura do paralítico da Porta Formosa suscitaram grande comoção na Cidade Santa. Cinco mil homens abraçaram a nova fé. O sinédrio decidiu fazer comparecer os Apóstolos perante o seu tribunal, e Pedro declarou aos sumos sacerdotes, aos escribas e aos anciãos: *Vós crucificastes Jesus de Nazaré, mas Deus o ressuscitou dos mortos* (At 4, 10). Ora, diante de uma afirmação tão categórica, os magistrados limitaram-se a ameaçar os Apóstolos e a intimá-los a não mais falar de Jesus. No entanto, ter-lhes-ia bastado pronunciar uma única palavra para reduzir os discípulos ao silêncio e arrancar o cristianismo pela raiz.

Tinham-se passado apenas dois meses desde os acontecimentos do Gólgota. Se eles tinham feito desaparecer o cadáver, bastava que indicassem o lugar onde o tinham escondido; se o haviam destruído, podiam ter chamado a depor aqueles a quem tinham encarregado dessa tarefa. Bastava--lhes articular esta simples frase: "Fomos nós que levamos o corpo". Por que não o fizeram? A razão é absolutamente clara: não tinham sido eles que o tinham levado.

Ao mesmo tempo, também não ousaram acusar abertamente os discípulos de terem sequestrado o cadáver. Não disseram nada porque não sabiam nada, exceto que o túmulo não encerrava mais o corpo. Nem os inimigos nem os amigos de Cristo o tinham levado.

A prudência de Pedro

Mas voltemos às primeiras horas do domingo da Páscoa: os testemunhos autênticos têm mais interesse do que as mais sutis conjecturas.

As lembranças de São João são precisas; haviam sido muitas as vezes em que as narrara antes de pô-las por escrito no seu Evangelho. Quando ouviram que o túmulo estava vazio, Pedro e ele tinham-se posto a correr. Mais rápido do que o seu condiscípulo mais velho, ele chegara antes ao horto. Sem entrar na sepultura, inclinou-se pela abertura — mais baixa do que a câmara mortuária — e percebeu que as faixas estavam caídas. Mateus e Marcos não deram importância a este detalhe. Parece impossível que tenha escapado à observação das mulheres da Galileia, mas estas tinham ficado muito mais impressionadas com a aparição do anjo e com a mensagem que ele lhes tinha confiado.

PEDRO E JOÃO NO SEPULCRO

Simão Pedro, que chegou logo depois, não hesitou em entrar na câmara mortuária. Além das faixas caídas, vê em outro lugar, enrolado separadamente, o sudário que tinha envolvido a cabeça do cadáver. A continuação do relato permite afirmar que os dois Apóstolos concluíram imediatamente que não houvera rapto. Os sequestradores teriam levado o cadáver como estava, sem perder o tempo e o esforço necessários para desembaraçá-lo dos panos que o envolviam e dobrar cuidadosamente o sudário que cobria o rosto. O corpo não fora sequestrado. Mas então?...

João não nos narra os pensamentos do seu companheiro, pois este se refugiou no silêncio. São Lucas, que também conta a corrida de Simão Pedro ao túmulo, escreve que o Apóstolo, tendo visto os panos, voltou para o lugar onde morava *admirado,* perguntando-se intimamente o que teria acontecido (cf. Lc 24, 12). Já não era o homem impulsivo de outrora, incapaz de guardar as suas impressões para si mesmo. Passara a refletir.

O abatimento em que estava mergulhado por causa do seu pecado não basta para explicar esse mutismo. Pedro estivera repetindo de si para si, durante horas e horas, a predição que Jesus lhe tinha feito da sua negação, mas não esquecera tampouco as palavras reconfortantes que o Mestre havia acrescentado: *"Simão, Simão, [...] eu roguei por ti, para que a tua fé não desfaleça, e tu, uma vez convertido, confirma os teus irmãos"* (Lc 22, 32).

A VITÓRIA da Páscoa

Apesar da sua fraqueza e da sua indignidade, tinha uma missão a cumprir junto dos outros Apóstolos, continuava a ser o chefe, devia esclarecê-los e dirigi-los. Compreendemos assim a reserva que se impôs. Ignorava ainda a intervenção do anjo, e não tivera notícia da mensagem das santas mulheres. Só sabia uma coisa: *o túmulo estava vazio, mas o corpo não tinha sido roubado.* Se a declaração diversas vezes repetida do Senhor acerca do "Filho do homem que devia ressuscitar ao terceiro dia" lhe voltou ao espírito — como podemos supor sem temeridade —, por outro lado não possuía nenhum indício positivo para afirmar que essa Ressurreição tivera lugar. Não o sabia, não o disse. Retirou-se em silêncio.

Como não admirar a prudência do primeiro chefe da Igreja, ou, melhor, a assistência que lhe prestava Aquele que permaneceria já para sempre a Cabeça invisível dessa mesma Igreja? A partir desse momento, poderemos fiar-nos da palavra de Pedro.

Voltou para casa. Essa indicação parece excluir que tenha ido encontrar-se com aqueles dentre os Onze que, nesse mesmo momento, se recusavam a crer nas afirmações das mulheres da Galileia. Pedro permaneceu só; Pedro orou. E, ao entardecer, os discípulos souberam que ele tinha visto o Senhor. "O *Senhor em verdade ressuscitou e apareceu a Simão*" (Lc 24, 35). Pedro começava já a confirmar os seus irmãos na fé. Também o Apóstolo João voltou

PEDRO E JOÃO NO SEPULCRO

para casa, respeitando o silêncio de Pedro; mas, se não disse nada, tinha já penetrado o mistério da inexplicável desaparição. Escreve: *E viu e creu* (Jo 20, 8). Até faz questão de nos informar que não foram os textos da Sagrada Escritura — aqueles que Pedro evocaria no discurso do dia de Pentecostes (cf. At 2, 14-36) — que o esclareceram naquele momento. A sua fé na Ressurreição do Senhor nasceu diretamente daquilo que acabava de ver no túmulo.

A fé de João

Evitaremos estabelecer preferências entre a reserva de Simão Pedro e a adesão instantânea de João: tanto uma como outra eram necessárias. A Igreja nascente — e igualmente as gerações futuras — teria necessidade de testemunhos manifestos e indiscutíveis da Ressurreição. Eis por que agradecemos a Pedro por não ter falado antes de ter visto o Senhor. A resistência dos Onze e dos discípulos às afirmações das mulheres da Galileia, as suas discussões no Cenáculo, a recusa em crer em que vários se obstinaram durante algum tempo ainda, garantem-nos que a fé da Igreja não se deveu ao entusiasmo cego dos antigos fiéis de Jesus. Agradecemos-lhes que só se tenham rendido à evidência.

Mas não nos alegra menos saber que João não esperou *ver* para *crer*. O seu caso, único, confere

A VITÓRIA da Páscoa

à incredulidade provisória ou às reticências dos outros todo o valor que nos permite apoiar nelas a nossa própria certeza. Mas não nos desagrada que tenha havido pelo menos uma exceção. Que tenha havido ao menos um que se lembrou de que Cristo tinha anunciado a sua Ressurreição. Que tenha havido pelo menos um que ultrapassou a ordem dos raciocínios e, com base em um só indício, penetrou de um só salto na fé.

O seu exemplo é-nos precioso para os dias em que não vemos, em que as aparências desmentem a nossa fé, em que os argumentos são impotentes para nos convencerem. Existem circunstâncias em que é preciso deixar de lado a controvérsia e penetrar corajosamente na obscuridade do mistério, à espera de que Deus responda ao nosso amor revelando-se ao nosso coração.

A nossa fé expor-se-ia a vacilar se não estivesse apoiada nos fundamentos de uma rigorosa certeza. Simão Pedro tem razão ao fazer-nos esperar, mas João não erra ao mostrar-nos que a fé brota do amor. É somente perto das últimas páginas do seu Evangelho que ele se designa pela perífrase "o discípulo que Jesus amava". Ignoramos a que segredos íntimos corresponde essa designação na pena do Apóstolo, mas não há dúvida de que se refere aos últimos tempos da vida mortal do Salvador. A expressão é empregada cinco vezes, das quais três depois da Ressurreição; mas as duas primeiras ocasiões narram acontecimentos particularmente

PEDRO E JOÃO NO SEPULCRO

graves. João recorre a ela pela primeira vez durante a Santa Ceia, quando se reclina sobre o peito de Cristo (cf. Jo 13, 23); emprega-a depois quando se encontra ao pé da cruz (cf. Jo 19, 26), onde lhe será dado ver o sangue e a água saírem do peito do Senhor atravessado pela lança. Na Ceia e no Calvário: a Eucaristia, sinal do sacrifício, e o sacrifício propriamente dito selaram uma intimidade em que João não conseguia pensar sem experimentar uma profunda emoção. O discípulo que Jesus amava não precisava ver para crer.

Mas, não haveria mais algum motivo para essa rapidez em crer? Ao discípulo que amava, Cristo não entregou apenas, como aos outros, o Sacramento do seu Corpo e do seu Sangue. O divino Crucificado pediu a Maria que considerasse João como seu filho, e foi a ele que confiou a sua santa Mãe. *E desde aquela hora o discípulo a recebeu em sua casa* (Jo 19, 27). Será razoável supor que, desde o anoitecer da sexta-feira até ao amanhecer do domingo, Maria e João apenas choraram e oraram juntos, sem trocar nenhuma palavra? Surpreender-nos-ia que Maria, preludiando a misteriosa função que viria a exercer na Igreja, tivesse dirigido a fé do Apóstolo para a realidade que se devia cumprir? Não lhe teria lembrado a certeza que o seu Filho lhes havia dado: "ao terceiro dia, voltarei à vida"?

A piedade católica pensa que a Santíssima Virgem foi a primeira a quem o Salvador ressuscitado apareceu. Os livros sagrados nada nos contam deste

A VITÓRIA da Páscoa

encontro. Mesmo assim, temos a mais firme certeza de que Maria esperava por essa hora triunfal porque a sua fé não se tinha eclipsado. Num dos delicados poemas do seu *Espelho de Jesus,* Henri Ghéon imagina duas das santas mulheres que vêm trazer à mãe do Salvador a mensagem dos anjos:

> *"O Mestre não está mais no túmulo...",*
> *diz uma; mas a outra, a seguir,*
> *pensando que a Mãe cambaleia:*
>
> *"Mãe, Mãe, o Mestre vive!"*
> *— A Mãe soluça e sorri:*
> *"Eu já o sabia", diz*.*

---

* No original: "«Le Maitre n'est plus au tombeau...»./ dit l'une; mais l'autre aussitôt,/ croyant que la Mere chancelle:// «Mere, Mere, le Maitre vit!»/ La Mere sanglote, sourit:/ «Je le savais déjà», dit-elle."

A APARIÇÃO A MARIA MADALENA

Disse-lhe Jesus: "Maria!" Ela, virando-se, disse-lhe em hebraico: "Rabuni!", que quer dizer: "Mestre" (Jo 20, 16).

Quem foi Maria Madalena?

O quarto Evangelho narra detalhadamente a aparição de Jesus a Maria Madalena, que já havia sido mencionada no esquema que fechava o relato de São Marcos: *Ressuscitado na manhã do primeiro dia da semana, Jesus apareceu primeiro a Maria Madalena, de quem expulsara sete demônios* (Mc 16, 9). Este comentário merece uma explicação.

Essa fiel serva do Mestre é designada da mesma forma por Lucas, quando a apresenta aos seus leitores. Ao falar das correrias apostólicas do Salvador, escreve: *Acompanhavam-no os doze e algumas mulheres que tinham sido curadas de espíritos malignos e de enfermidades: Maria chamada Madalena, da qual haviam saído sete demônios; Joana, mulher de Cuza, administrador de Herodes, e Susana, e outras muitas, que os serviam com os seus bens* (Lc 8, 2).

As "santas mulheres" da história evangélica não estavam constituídas num corpo como os Doze; mas, com toda a reserva necessária, seguiam-nos nos seus deslocamentos a fim de assegurar as condições materiais de Jesus e dos Apóstolos. Essas mulheres, das quais algumas ocupavam uma posição social bastante elevada, testemunhavam dessa forma o seu reconhecimento ao Salvador, que ou as tinha curado de uma doença ou libertado de uma possessão diabólica.

Maria de Magdala pertencia a esta segunda categoria. A expressão "sete demônios", equivalente a "uma multidão de demônios", faz pensar que a infeliz tinha sido objeto de sevícias especialmente dolorosas da parte de Satanás, e o milagre que a libertara dessa cruel obsessão proporcionara-lhe uma respeitosa notoriedade.

Vale a pena notar, porém, que as mulheres que se consagraram à causa do Evangelho tinham estado doentes ou possuídas, mas de forma alguma haviam vivido no pecado. Lucas é suficientemente preciso a este respeito, uma vez que não diz que essas pessoas admitidas a viver na familiaridade cotidiana dos Apóstolos e a assisti-los com os seus bens tivessem sido pecadoras convertidas.

A confusão que às vezes se faz nesta matéria provém de que tendemos a imaginar os endemoninhados como umas pobres pessoas submetidas a todos os vícios. Na verdade, trata-se de duas misérias inteiramente independentes uma da outra. Um possuído pode *além disso* ser um pecador, mas a possessão não traz consigo a queda no pecado. Satanás é capaz de atormentar o corpo das suas vítimas, mas Deus não lhe concede nenhum poder sobre as almas. Só a *livre vontade* do pecador tem capacidade para entregar-se ao mal.

A Sagrada Escritura afirma explicitamente que Jó, torturado na sua carne por Satanás, não pecou. O jovem epiléptico curado por Cristo logo depois da Transfiguração não era um pecador (cf. Mt 17, 14-18). A mulher possuída havia dezoito anos por um espírito de enfermidade, *essa filha de Abraão que Satanás mantinha atada,* e que Jesus cura miraculosamente na sinagoga aonde ela viera rezar, não era uma pecadora (cf. Lc 13, 11). Pretender que Maria Madalena havia levado anteriormente uma vida de pecado é uma insinuação dificilmente aceitável, e não se apoia em nenhuma indicação dos Evangelhos.

A obra *Santa Maria Madalena* de Lacordaire popularizou uma tradição bastante tardia na Igreja latina segundo a qual Maria de Magdala, Maria de Betânia — a irmã de Lázaro — e a pecadora que ungiu os pés do Senhor (cf. Lc 7, 37) seriam uma e a mesma pessoa. Essa identificação, adotada por São Gregório, também é reforçada pela comemoração da festa de Santa Maria Madalena no dia 22 de julho.

Os Padres gregos nunca cometeram essa confusão, rejeitada igualmente por grandes doutores latinos (Ambrósio, Hilário, Jerônimo, Beda). Nas liturgias orientais, cada uma das três mulheres tem a sua festa própria. São Lucas, que é o único a mencionar as três, não estabelece nenhuma relação entre elas. "Não será atrevimento, escreve Prat, pensar que se está mais bem informado acerca dos fatos da história evangélica do que o próprio evangelista?" Bossuet, no final da sua dissertação sobre as "três Marias", conclui que "está mais conforme com a letra do Evangelho distinguir três pessoas".

Hoje em dia, deixou-se geralmente de assimilar Maria de Betânia (na Judeia) a Maria Madalena (na Galileia); quanto à identificação entre a Madalena e a pecadora pública cujo nome São Lucas cala por delicadeza, foi abandonada por muitos comentadores católicos dentre os mais prudentes. "Os textos são contrários à unidade, escreve Garrigou-Lagrange, e nenhum exegeta antigo pronunciou o nome de Maria Madalena a propósito da pecadora".

Uma "alucinada"?

Seja-nos permitido, pois, considerar que no jardim do Gólgota, ainda úmido de orvalho, se encontra presente apenas aquela que a liturgia bizantina chama "a Santa mirrófora igual aos Apóstolos"*, aquela que a misericórdia de Deus tinha arrancado, não de uma profissão ignominiosa, mas de uma das provações mais humilhantes, e que tinha aderido ao Salvador com todas as

---

* *Mirrófora*, "portadora de mirra"; pessoa que louva a Deus (N. do T.).

A APARIÇÃO A MARIA MADALENA

fibras de um coração tão reconhecido que Ele lhe concedeu o mesmo privilégio que aos Apóstolos, e antes deles. *Apareceu primeiro a Maria Madalena, de quem expulsara sete demônios.*

Muito bem, mas não tocamos aqui um ponto vulnerável, que prejudicaria a objetividade do testemunho de Lucas? Desde o polemista Celso, no século III, até Renan, no século XIX, a oposição racionalista tem incriminado Maria Madalena. Para essa corrente, seria "a paixão de uma alucinada o que teria dado ao mundo um Deus ressuscitado".

Pobre farsa, que nem ao menos leva em conta as outras aparições do Senhor ressuscitado! Podemos observar, por exemplo, que o texto catequético citado por São Paulo (1 Cor 15, 3) nem sequer menciona a aparição a Maria de Magdala, o que prova que a afirmação doutrinal da Igreja docente se apoia sobre outros testemunhos. Maria Madalena não fazia parte do número das "testemunhas escolhidas de antemão" para serem os pregadores oficiais da Ressurreição. E embora o Senhor a tenha encarregado de avisar os seus discípulos, o favor que lhe fez, manifestando-se a ela antes de aparecer a eles, reveste-se de um caráter pessoal: é sobretudo a recompensa pela sua fidelidade. De resto, basta que examinemos simplesmente os dados do Evangelho, que nos mostram com toda a clareza que a Madalena nada tem de alucinada e que, além disso, não foi ela quem determinou a fé dos Apóstolos.

Maria ficou junto do sepulcro, do lado de fora, chorando (Jo 20, 11). Quando Pedro e João se lançaram a toda a pressa para o sepulcro, ela não correu atrás deles. Embora os tenha seguido a passo rápido, só os alcançou depois de terem inspecionado o estado da sepultura. Vimos já como se retiraram, João sem ousar exprimir a sua fé, Pedro absorto nas suas reflexões.

O silêncio de Pedro só faria aumentar a incerteza de Maria Madalena, que continuava a ignorar a revelação feita pelo anjo às suas companheiras. Portanto, ela deixou partir os dois Apóstolos, que já não precisavam dela, e permaneceu ali. Sozinha, podia dar livre curso à sua aflição. Esse túmulo tinha abrigado o corpo do Mestre que a libertara dos malefícios de Satanás, desse seu Mestre bem-amado, que agora havia perdido para sempre; nada lhe restava dEle. E chorava diante do túmulo vazio.

Não havia ninguém no horto. Ninguém lhe levaria a mal se tocasse com as suas mãos a pedra sobre a qual Jesus fora deposto. Ainda a chorar, debruçou-se para observar o interior do sepulcro. Mas dois personagens vestidos de branco a tinham precedido secretamente, e estavam sentados nas duas extremidades do leito funerário. Mais tarde, ela julgaria que se tratava de anjos; nesse momento, porém, o seu pensamento estava bem longe dali. Mas eles perguntaram-lhe: — *"Por que choras, mulher?"*

A APARIÇÃO A MARIA MADALENA

Ouçamos a resposta daquela que acusam de visionária: estava a cem léguas de pensar que o Senhor tivesse retomado a vida. Estava pura e simplesmente convencida de que o túmulo fora violado. Por que chorava? — *"Porque tiraram o meu senhor, e não sei onde o puseram"*. Mas, além do mais, quem seriam esses que a interrogavam? Instintivamente, recuou e saiu do túmulo. Os seus olhos molhados de lágrimas tropeçaram com um novo personagem. Mais um desconhecido. Os traços do seu rosto não lhe diziam nada. Seria o hortelão que cuidava do jardim de José de Arimateia? Também ele, como os outros dois, pareceu surpreso de encontrar nesse lugar uma mulher em soluços. — *"Mulher, por que choras? A quem procuras?"*, perguntou-lhe por sua vez. A pretensa alucinada não perdeu a cabeça, mas continuou a seguir coerentemente o seu raciocínio. Poderia esse "hortelão" fornecer-lhe a informação que procurava? — *"Senhor, se o levaste tu, dize-me onde o puseste, e eu irei buscá-lo"* (Jo 20, 12-16).

Eis um primeiro exemplo do que apontávamos acima, acerca das qualidades do Corpo ressuscitado de Cristo, que se subtraem inteiramente à nossa experiência. O Salvador não só aparece inopinadamente quando quer, mas também se deixa reconhecer ou se torna irreconhecível conforme deseja. A vida nova na qual entrou não tem comparação com a nossa condição terrena. São

A **VITÓRIA** da **Páscoa**

João Crisóstomo pensava que, dissimulando os traços sob os quais Maria Madalena o conhecera, o Senhor desejava poupar-lhe um choque excessivamente violento. Seja como for, comprovamos mais uma vez que a sua seguidora não imaginava de forma alguma que Jesus pudesse manifestar-se a ela. O desconhecido que a surpreendeu não podia ser senão o hortelão. Ela não esperava o menor milagre. Não há dúvida de que estava comovida, e aliás seria muito estranho que não o estivesse, mas não se comportou como uma exaltada. A sua natureza generosa revelou-se na pretensão de carregar ela mesma o corpo de Jesus, se lhe dissessem onde estava. Pobre e querida Madalena, tinha duvidado de que poderia fazer rodar, junto com as suas companheiras, a pesada pedra que selava o sepulcro, e agora estava disposta a carregar um peso superior às suas forças...

Repitamos que verdadeiramente estava comovida, e acrescentemos que certamente contava com o hortelão para ajudá-la a transportar o corpo: mesmo assim, continua patente que não alimentava a mais leve suspeita acerca da Ressurreição. O seu único desejo era trazer de volta o cadáver de Cristo para o lugar onde a solicitude de José de Arimateia o tinha feito enterrar; não pensava em outra coisa, não buscava nenhum sonho. Mesmo esse hortelão interessava-lhe tão pouco que já o seu olhar se desviara novamente para o interior do sepulcro, pois ela teve de *virar-se* para o seu

A APARIÇÃO A MARIA MADALENA

interlocutor quando ouviu a palavra que subitamente a inundou de luz: — *Maria...*

Agora já não podia deixar de reconhecer o timbre dessa voz nem a pronúncia dAquele que acabava de dizer o seu nome. Era assim que o Salvador se dirigira a ela todos os dias. Agora, enxergava com toda a clareza o rosto do Mestre. E ela respondeu com a respeitosa familiaridade de outros tempos: *Rabuni!,* "meu grande e bom mestre", mais íntimo do que a palavra *rabbi* empregada pelos discípulos.

O seu Mestre estava diante dela, o seu Mestre estava vivo! Num instante, a horrível lembrança do Crucificado crispado sobre a Cruz desvaneceu-se. Por meio de que prodígio pudera reencontrar a vida Aquele que ela vira expirar, que vira ser descido do patíbulo e enterrado nesse túmulo? Mas, que importava, se Ele estava ali, se vivia! O Senhor estava ao seu lado, como outrora na sua radiosa Galileia! Tudo não passara de um terrível *intermezzo.* A vida ia recomeçar como outrora; e já Maria se lançava aos seus pés, que apertou nos braços.

A mensageira

Não, Maria, aquilo que passou não recomeça mais. Também não chegou ainda o momento das efusões eternas na casa do Pai. — *"Deixa de segurar-me* — diz-lhe o Senhor —, *porque ainda não subi para o Pai; mas vai aos meus irmãos e dize-lhes: Subo para o meu Pai e vosso Pai, para o meu Deus e vosso Deus"* (Jo 20, 17).

Vejamos se Maria Madalena é presa de uma imaginação sobreaquecida: longe de entrar em êxtase, dócil como sempre a todas as vontades do Salvador, não procura prolongar esse instante de intimidade que lhe foi concedido. Onde buscaremos a sombra de uma paixão egoísta nesse coração que Cristo cumulou do seu amor? Ela conhecia de longa data a distância que separava o Senhor da nossa condição humana, e agora descobre a sua infinitude. Deus não é para Jesus aquilo que é para nós; é "seu Pai" num sentido completamente diverso daquele em que é "nosso Pai". Que tenha pensado em si mesma em semelhante momento, nós lho perdoaríamos; mas a sua caridade é pura demais para que não pense imediata e unicamente nos discípulos, a quem Jesus acabava de chamar "seus irmãos" e para os quais a enviava.

O Mestre ainda não subira para o seu Pai, ainda não deixara o nosso mundo. Pedro, João, os outros ainda teriam uma oportunidade de revê-lo. O Senhor mostrara-se a ela; não havia de revelar-se também a eles? E assim, os arredores do sepulcro voltaram a estar desertos. Maria de Magdala corria novamente para Jerusalém*.

---

* O primeiro Evangelho (cf. Mt 28, 9-10) parece associar as outras mulheres à aparição de Cristo a Maria de Magdala. Talvez se trate de um exemplo entre outros de um dos procedimentos literários de São Mateus conhecido com o nome de "plural de categoria".

A APARIÇÃO A MARIA MADALENA

A narrativa de João limita-se a informar-nos que ela se desempenhou da sua missão; a de Marcos é mais explícita: *Foi ela quem o anunciou aos que tinham vivido com Ele, e que estavam sumidos na tristeza e no pranto* (Mc 16, 10). Não fiquemos insensíveis diante desse sofrimento. As afirmações das mulheres da Galileia tinham-nos deixado céticos; a desaparição do corpo apenas os mergulhara num desânimo ainda maior. No entanto, se sofriam por causa do fracasso irremediável de Jesus, não experimentavam diante desse desastre nem cólera nem despeito. Não tinham piedade do seu próprio destino, mas pensavam sobretudo que Cristo não merecera terminar assim. *Estavam sumidos na tristeza e no pranto.* Já não podiam crer, mas não tinham deixado de amar. E porque continuavam a amar, reencontraram a fé.

Não concluamos, no entanto, que eles estivessem dispostos a explorar o primeiro indício que pudesse tirá-los da prostração. O seu sofrimento era inegável, mas os fatos permaneciam fatos: para crer que Jesus estava vivo, precisavam de provas certas, não de uns "ouvi-dizer", mesmo que fossem atribuídos a anjos; não lhes bastava sequer o relato que Maria de Magdala acabava de lhes fazer. Esta não vira apenas dois anjos no sepulcro, mas vira Cristo em pessoa no horto. E, mesmo assim, *ouvindo que Ele vivia e fora visto por ela, não acreditaram* (Mc 16, 11). Bem podia ela repetir: "Ele chamou-me pelo meu nome. Abracei os seus pés.

Disse-me isto para que vo-lo repetisse", que eles continuariam a chorar; recusar-se-iam a admitir que Cristo estivesse vivo, enquanto não o tivessem visto. Maria Madalena não influiu em nada sobre a fé dos Apóstolos.

Embaixatriz de Cristo junto aos que não podem crer

Mas seria apenas a eles que Cristo teria enviado a sua embaixatriz? Muitos outros "irmãos" ao longo dos séculos hão de dever-lhe ter encontrado o caminho do retorno à fé.

O episódio de Maria Madalena junto do sepulcro está inscrito para sempre na história religiosa das almas: convida ao retorno os cristãos que de repente tomam consciência de que já não conseguem crer. Um choque imprevisto derrubou neles as estruturas religiosas minadas havia muito tempo e que só por milagre se tinham em pé. Certo dia, deixaram de repetir as orações que pronunciavam maquinalmente, sem orar. Que influências não terão sofrido, talvez a contragosto, mas em todo o caso sem as controlarem? Tiraram-lhes o Senhor e já não sabem onde encontrá-lo.

Outros irmãos nossos, sem chegarem ao ponto de rejeitar as suas antigas crenças, imobilizaram-se nas trevas do espírito. Conservam certos hábitos religiosos, mas já não têm neles o coração, e têm a impressão de que já não há mais fé neles. E, como

A APARIÇÃO A MARIA MADALENA

nada é inteiramente claro, têm a impressão de que nada mais é certo. O Senhor de outrora desapareceu e eles não sabem onde procurá-lo.

Possam os nossos irmãos que se debatem no meio das dúvidas e das negações aprender com o exemplo de Maria Madalena, pois ela lhes mostra uma via certa pela qual não lhes é impossível enveredar. Ela os convida a continuar a amar Jesus Cristo, aconteça o que lhes acontecer. E quem conheceu verdadeiramente o Senhor — digo *verdadeiramente* —, poderá não mais amá-lo?

Irmãos atormentados ou revoltados: algumas fórmulas dogmáticas — tal como as entendeis, ao menos — não encontram mais cabida no vosso espírito; determinadas práticas religiosas chocam-vos como se fossem práticas supersticiosas; ou, talvez, indignais-vos contra certos preceitos de um rigor que considerais desumano; e então tudo desaba, a vossa fé, a vossa piedade, a vossa fidelidade. Os vossos olhos, cegados pela poeira desse monte de escombros, já não enxergam quase nada.

Talvez. Mas ainda sois capazes de ver Alguém. Podeis continuar a olhar para Jesus Cristo e admirar a sua profunda caridade. A sua verdadeira personalidade está provisoriamente escondida aos vossos olhos, mas não deixeis por isso de amá-la, não renuncieis a reencontrá-la.

Não o vedes mais? Não tendes diante de vós senão o abismo aberto da vossa fé desaparecida e concedei-o lealmente não substituída por nada?

A VITÓRIA da Páscoa

Mas Ele vos vê, Ele está próximo de vós, por mais que não o reconheçais. Ignoro quanto tempo durará a vossa provação, mas sei que, se vos dói não mais poder vê-lo, voltareis um dia a ouvir a sua voz pronunciar o vosso nome. "Consola-te, não me buscarias se não me tivesses encontrado". A infelicidade é apenas para aqueles que deixam de procurar.

A vós também, fiéis tranquilos, a santa fiel de Magdala deve servir-vos de modelo, justamente para vos poupar as crises de consciência em que a vossa fé periclitaria. A fé que morre é aquela que deixa de *procurar,* aquela que afasta os problemas, aquela pela qual não se sofre. A fé que está em risco de morrer é aquela que fechamos num recanto do cérebro para que não incomode o nosso coração, e que pretendemos alimentar com uma piedade inativa que só serve para adormecê-la.

A fé viva, pelo contrário, não nos permite repousar. Por ser essencialmente amor, obriga-nos a esforços contínuos e a novos sacrifícios. A lei do Evangelho é constante: quem guarda o seu tesouro para si o perderá; só se enriquece aquele que dá. Difundamos a nossa fé pelo exemplo da nossa vida, tanto como pela convicção das nossas palavras: ao mesmo tempo, ela se fortificará em nós mesmos.

Vai aos meus irmãos... Maria Madalena abandona imediatamente os pés do Salvador ressuscitado. O Senhor continua a dizer a cada um de nós: "Vai

A APARIÇÃO A MARIA MADALENA

aos meus irmãos, àqueles que duvidam, àqueles que desesperam de reencontrar-me. Não te irrites com aqueles que não puderes convencer no primeiro momento, que talvez te acusem de delirar ou deixar que uma ilusão te suba à cabeça. Faze-os apenas conhecer a tua fé, dá-lhes a oportunidade de participar da tua alegria e da tua paz. A hora em que os seus olhos me reconhecerão não te diz respeito. Diz-lhes apenas: «Encontrei o Senhor, e eis o que Ele me disse»".

OS DISCÍPULOS DE EMAÚS

"Não ardia o nosso coração dentro de nós enquanto ele nos falava pelo caminho e nos explicava as Escrituras?" (Lc 24, 32).

Esperanças desiludidas

Seria uma temeridade tentar refazer um relato como o de São Lucas. É preciso ler no original essa página esplêndida, uma das mais belas de todas as literaturas: foi redigida por um grande escritor.

São Lucas, que morou dois anos em Cesareia, onde o seu mestre São Paulo estava retido na prisão, conhecia bem a estrada que ligava Jaffa a Jerusalém, atravessando o povoado de Emaús. Teve sem dúvida ocasião de demorar-se ali e encontrar Cléofas, pois nas palavras do evangelista parece ressoar a narrativa de uma testemunha direta da aparição. É preciso ler com vagar essas páginas, numa tarde de Páscoa, depois de voltar da missa; o encanto apoderar-se-á de nós quase que inevitavelmente, e hão de subir-nos aos lábios as inesquecíveis palavras: *Fica conosco, Senhor.*

Aqui faremos apenas, à margem do texto, algumas observações que dizem respeito ao nosso objetivo, que é o de ver como nasceu a fé dos Apóstolos na Ressurreição de Jesus.

Os dois peregrinos de Emaús reproduzem fielmente o estado de espírito dos discípulos do Salvador durante o começo da manhã do domingo. Para chegar a Emaús à tardezinha, quando o sol começasse a declinar, devem ter partido de Jerusalém por volta das nove da manhã. No momento em que deixaram a cidade, ainda ninguém sabia nada da aparição a Maria de Magdala. Se tivessem tido notícias dela, Cléofas e o seu companheiro talvez tivessem atrasado a partida.

É verdade que aquilo que se tinha produzido antes os *assustara:* a desaparição do corpo, verificada por Pedro e João, e as afirmações das mulheres da Galileia segundo as quais uns anjos lhes teriam declarado que Jesus vivia! Muito menos que isso seria suficiente para nos assustar. Mesmo esses acontecimentos, porém, não levaram os amigos do Mestre a suspeitar da verdade. A ideia de que o seu cadáver tivesse podido retomar a vida causa-lhes a impressão de um absurdo, pois, *a Ele, não o viram* (Lc 24, 24): não o tinham visto nem as mulheres, nem Pedro, nem João. O restante só lhes parecia servir para complicar ainda mais uma situação já extremamente obscura.

Nessas condições, de que adiantava permanecer mais tempo em Jerusalém, onde todos comentavam o *caso de Jesus nazareno* (Lc 24, 19). Tudo o que se dissesse não o faria voltar. As festas religiosas, é verdade, prolongavam-se durante toda a semana e retinham na cidade não poucos peregrinos; mas os

OS DISCÍPULOS DE EMAÚS

dois discípulos não tinham ânimo para unir-se aos cânticos da multidão. Nesse dia, as lembranças da antiga libertação de Israel soavam a falso nos seus ouvidos; desta vez, não era como se as águas do Mar Vermelho tivessem engolido os seus sonhos? Melhor partir o quanto antes. Cléofas e o seu amigo, que eram dos arredores, foram os primeiros a partir. Seis horas mais tarde, estariam de novo em casa, em Emaús, onde procurariam esquecer.

Mas seriam capazes de esquecer? Durante o caminho, os dois viajantes não tinham sido capazes de afastar de si a tristeza. Não pensavam senão em Cristo, não falavam senão dEle. De repente, Aquele que consideravam morto une-se a eles numa curva da estrada, *mas os seus olhos não podiam reconhecê-lo* (Lc 24, 15).

Quando o Senhor se apresentar aos Apóstolos, algumas horas mais tarde, convidá-los-á a certificar-se de que o seu corpo ressuscitado é o mesmo que tinha sido deposto no sepulcro. Esta comprovação oficial, Cristo reservou-a a eles; os discípulos de Emaús, tal como Maria Madalena, mal terão tempo de reconhecê-lo. Não há dúvida de que lhes falou mais longamente do que o fizera no horto com Maria Madalena, mas também eles não deviam embalar-se na ilusão de que a morte do Senhor não passara de um breve parêntese. Antes de revelar-se, o Mestre fez questão de instruí-los acerca da sua nova condição; só quando começassem a compreender o que significava a

A VITÓRIA da Páscoa

Ressurreição é que poderia dar-lhes a prova de que havia entrado *na sua glória* (cf. Lc 24, 26).

És tu o único forasteiro em Jerusalém a ignorar o que nela sucedeu nestes dias? (Lc 24, 18), declarou Cléofas ao viajante desconhecido que era na realidade o único a conhecer o glorioso desenlace do drama do qual a cidade fora palco. Ingenuamente, o discípulo descreveu-lhe as dolorosas fases do acontecimento. Cristo escutou-o sem interrompê-lo; e da mesma forma deixou os seus companheiros de caminho darem expansão a todas as suas frustrações: *Nós esperávamos que fosse Ele quem resgatasse Israel...* (Lc 24, 21). O verbo "esperar" — tal como o verbo "amar" — nunca deveria conjugar-se no tempo imperfeito. Tudo aquilo que a esperança contém de alegria e entusiasmo convertera-se na pior amargura e num desânimo sem remédio. "Nós esperávamos!" Agora terminou, estávamos enganados.

Mas então, que tinham eles esperado até o último minuto? Precisamente aquilo que Cristo nunca lhes tinha prometido no decurso da sua pregação, aquilo de que procurara continuamente afastar as suas ambições. Tinham esperado um Messias militar, o líder de um reino teocrático que, depois de ter libertado Israel do jugo romano, afirmaria a sua hegemonia sobre todas as nações, doravante submetidas ao único Deus verdadeiro.

Ora, essa conversão do mundo pela força não entrava e não entrará nunca nos desígnios de

OS DISCÍPULOS DE EMAÚS

Deus. O seu Filho veio realizar uma Redenção da humanidade totalmente diferente. Antes de mostrar aos seus discípulos que vivia, o Senhor tinha de corrigir o erro que cometiam; caso contrário, pensariam que a sua Paixão e a sua Morte não tinham sido senão um infeliz acidente, reparado por um milagre. Antes de mais nada, Cristo tinha de convencê-los da necessidade e da eficácia do sacrifício que oferecera voluntariamente pela salvação dos homens. Seria inútil que tivessem a certeza manifesta da sua divindade se continuassem a enganar-se sobre a sua obra.

É por isso que o Senhor caminha entre Cléofas e o seu companheiro, sob o sol do meio-dia, sem lhes revelar a sua identidade. Esconde-se dos seus olhos para que os seus espíritos, lentos em penetrar o sentido das Escrituras, não se desviem da verdade que devem conhecer. *"Então não era necessário,* diz-lhes, *que o Cristo padecesse essas coisas* para *entrar na sua glória?"* (cf. Lc 24, 26). A vida gloriosa que agora lhe pertencia, e da qual em breve lhes daria uma prova, custava esse preço.

Preço enorme, que nos faz recuar de temor e que a nossa inteligência não consegue admitir de uma vez. Mas, para já, o Senhor pretende persuadir os seus interlocutores de que esse era o plano de Deus, e cita-lhes para isso as passagens das Escrituras que atribuíam ao Messias, como condição do seu reino glorioso, a redenção dos pecadores por meio da sua Paixão e da sua Morte. O povo

A VITÓRIA da Páscoa

judeu, extraviado pelo desejo de uma desforra terrena contra a opressão que sofria havia séculos, deixara na sombra este aspecto do ensinamento dos Profetas.

Cristo recorda, pois, aos dois viajantes a claríssima predição dos sofrimentos e do triunfo destinados ao *servo de Javé* (Is 53); o Salmo 22, do qual, sobre a Cruz, pronunciara em voz alta o primeiro versículo: *Meu Deus, meu Deus, por que me abandonaste?*; as afirmações do salmista acerca da conspiração urdida contra o Messias (Sl 2); e a promessa de que o seu corpo não seria abandonado à corrupção do túmulo (Sl 16). Esta revelação dos desígnios divinos fez estremecer o coração dos peregrinos, ao mesmo tempo que lhes iluminava a inteligência. Perderam assim a noção do tempo e a sensação de fadiga; dentro em pouco, surpreendiam-se de já estarem à vista de Emaús.

Corações ardentes

Impõe-se ainda ao leitor uma outra reflexão. Enquanto o Desconhecido recordava os oráculos sagrados aos dois discípulos, não é possível que estes não tenham tentado adivinhar a sua condição. A autoridade do seu discurso deve tê-los impedido de lhe perguntar quem era. No entanto, não deixaram de interrogar-se interiormente acerca desse doutor tão versado nas Escrituras e cujas interpretações concordavam de maneira surpreendente

OS DISCÍPULOS DE EMAÚS

com os acontecimentos. No entanto, essa coincidência não lhes sugeriu nem por um instante a ideia de que o Viajante que os acompanhava pudesse ser o próprio Cristo. Esperavam tão pouco a sua Ressurreição que, ao chegarem à aldeia de Emaús, ainda não tinham pressentido a identidade desse Peregrino que não era dali e se dispunha a continuar o seu caminho.

O trajeto parecera-lhes tão curto, e eles não se tinham cansado de ouvir esse amigo desconhecido. Não aceitaria acabar o dia com eles? O pretexto que Cléofas alega para retê-lo — *"Faz-se tarde e o dia já declina"* — é bastante frágil, pois se o sol apenas começava a declinar, o Viajante ainda teria tempo para cobrir uma boa etapa até o cair da noite. O verdadeiro motivo, aquele que levaria a melhor sobre as hesitações do misterioso Peregrino, foi o grito da amizade, esse apelo do náufrago à mão que o tira do abismo: *"Fica conosco".*

E Ele entrou para ficar com eles (Lc 24, 29). Alguém inventou a curiosa lenda do "albergue" de Emaús, onde os três se teriam hospedado. Ora, o Evangelho sugere que Cléofas e o seu companheiro tinham ali a sua casa, e talvez morassem sob o mesmo teto; nada mais natural, pois, que insistissem em que o viajante que queriam honrar aceitasse a sua hospitalidade: *Eles obrigaram-no a entrar.*

Foi, pois, na intimidade da sua casa que Cléofas o introduziu, com alegria e talvez com a esperança de retê-lo o mais possível. Foi à mesa da família que dispôs a improvisada refeição, que os três viajantes não recusariam depois da longa caminhada. Ainda era cedo, e os outros habitantes da casa estavam fora; não estavam senão os três naquela peça. E foi então que Jesus se lhes manifestou, sem proferir uma só palavra — já havia dito o que tinha a dizer —, mas por um simples gesto.

Cabia a Cléofas, o dono da casa, partir o pão e oferecê-lo ao convidado. Mas, por uma curiosa infração dos costumes, foi o Convidado que tomou o pão nas mãos, como se fosse Ele quem tivesse acolhido os outros dois. Foi Ele quem, com um ato de autoridade, pronunciou a oração da bênção dos alimentos, como se fosse o dono da casa. A seguir, partiu o pão da mesma forma que os dois discípulos o tinham visto fazer tempos atrás, entre os seus.

Agora, já não havia mais razão para dissimular os traços do seu rosto. O Mestre! Mas era Ele! Agora, reconheciam-no, e num instante encontraram a explicação para a viagem que acabavam de fazer com Ele. A surpresa tornou-os incapazes de articular um único som, e já o Senhor desaparecia da sua vista.

Levantaram-se imediatamente, deixando de lado o alimento que não tinham chegado a tocar. Quem quer saber de comer e de descansar num momento como esse? Estavam impacientes por reencontrar os seus desolados irmãos de Jerusalém e informá-los de que Cristo vivia. Correram mais do que andaram

OS DISCÍPULOS DE EMAÚS

pela estrada, onde tudo lhes recordava as palavras luminosas do Senhor. O Mestre já não estava com eles, mas o coração ainda lhes ardia com os discursos divinos, e podiam sentir a sua presença com mais clareza do que no momento em que os seus mantos haviam roçado as vestes dEle.

Quando chegaram de volta à Cidade Santa, já era noite negra, mas eles sabiam a que portas bater para encontrar os amigos. Os primeiros que os viram voltar, ofegantes e embevecidos de emoção, não os levaram a sério, mas permaneceram na sua incredulidade (cf. Mc 16, 13). Mas os dois discípulos não perderam a compostura; foram buscar os Apóstolos e descobriram o lugar onde estavam reunidos. Ali os esperava uma outra surpresa: a notícia que traziam já era conhecida. Foram acolhidos com esta exclamação: *"O Senhor em verdade ressuscitou e apareceu a Simão"*. Pedro concordou com um movimento da cabeça; não conseguia falar, pois agora eram lágrimas de alegria as que derramava. E Cléofas e o seu companheiro contaram aos outros o que lhes acontecera na estrada e como tinham reconhecido o Senhor ao partir o pão.

Caminhar com Cristo

Os dois caminhantes creram porque o Senhor realmente se deixara ver por eles, como mais tarde fariam os Apóstolos. Aceitaram a realidade da sua

A **VITÓRIA** da Páscoa

Ressurreição porque Cristo em pessoa lhes havia afirmado que a redenção do mundo exigia os seus sofrimentos e a sua morte. Não percamos o tempo demonstrando que não é possível encontrar nessas testemunhas o menor traço de alucinação; releiamos antes o relato de São Lucas, a fim de compreender a lição que Cristo dá assim aos seus discípulos de todos os tempos.

Onde dois ou três estiverem reunidos no meu nome, dissera Ele, *ali estou eu no meio deles* (Mt 18, 20). Desde o primeiro dia, o Senhor cumpre a sua palavra, e assim será até o fim dos tempos. Duvidaremos de que esteja presente em todos os lares cristãos, abençoando as crianças que a mãe lhe consagra; ou de que esteja como um terceiro junto aos cônjuges, como estava entre Cléofas e o seu companheiro? Aquilo a que chamamos "vida profana" não faz sentido em linguagem cristã. *Quer comamos, quer bebamos, quer façamos qualquer outra coisa* (1 Cor 10, 31), em tudo o que fazemos permanecemos na condição de filhos adotivos de Deus.

O Senhor entra na nossa casa quando nós lho pedimos. Está sempre no nosso caminho, mesmo que os nossos olhos sejam incapazes de vê-lo. Se permanece silencioso, é porque nós o esquecemos: não espera senão um gesto acolhedor para nos explicar as palavras da Sagrada Escritura, iluminar o nosso espírito e aquecer o nosso coração.

Felizes aqueles que sabem falar-lhe todos os dias, agradecer-lhe os seus benefícios, consultá-lo antes

OS DISCÍPULOS DE EMAÚS

de agir, invocá-lo durante as suas ações. Cristo é o companheiro de todos os nossos dias. Nos dias felizes, santifica as nossas alegrias e torna-as mais profundas, como também glorifica o Pai pelas boas obras que realizamos sob a sua influência e em seu nome. E não nos leva a mal se nos voltamos para Ele sobretudo nas horas em que sofremos: se ao menos o fizéssemos imediatamente, os nossos sofrimentos seriam menos pesados de carregar. Para dizer a verdade, só cessamos de esperar quando deixamos de pensar que está perto de nós.

Arrastamos a nossa tristeza pelos caminhos da vida porque a "experiência" — dizemos — desmente continuamente a nossa fé. Esperávamos que Cristo mudasse a nossa vida, e vemo-nos invariavelmente medíocres e inclinados ao pecado. Esperávamos que o cristianismo transformasse o mundo, e a humanidade parece afastar-se dele, tornar-se pior e precipitar-se cegamente nas piores calamidades.

Nós esperávamos... Na realidade, seguimos o nosso juízo humano e é ele que nos engana. Não pretendamos colocar-nos no lugar do Senhor. Ele sabe a glória que, no seu devido tempo, fará surgir dos sofrimentos e das misérias dos homens e dos nossos próprios fracassos, assim como dessa confusão dos espíritos e dos corações que atualmente desola a terra.

O nosso erro consistirá sempre em esperar nos homens e fiar-nos dos seus cálculos. Não procuremos as nossas luzes senão na palavra de Deus. Desde que saibamos que Cristo está perto de nós, andaremos na escuridão sem perder a coragem. Não quer Ele salvar-nos? Não é ele o Salvador do mundo? Permaneçamos-lhe fiéis e confiemos-lhe a sorte dos nossos irmãos. Basta--nos tê-lo por guia.

"Fica conosco, Senhor"

Fica conosco, pois se faz tarde e o dia já declina. Os anos passam, a nossa peregrinação em breve chegará ao fim. Estamos tão longe da santidade com que tínhamos sonhado, fizemos tão pouco bem aqui em baixo, amamos tão mal! Ficai conosco, Senhor, para levar a cabo aquilo que não pudemos e jamais poderemos conseguir, para nos transformar em Vós. Tomai-nos pela mão na hora da grande passagem em que só Vós podeis introduzir-nos no divino resplendor da Ressurreição.

Ficai conosco, Senhor, pois cai a noite. A noite avança por sobre a nossa pobre terra. O erro extravia os espíritos, o egoísmo perverte os corações. Dir-se-ia que as trevas do Gólgota voltam a tornar--se mais espessas sobre o mundo. Mas, cravada na vossa Cruz, a vossa Igreja sofre e ora. Ficai com ela, Senhor, para que salve os homens que vos desconhecem mas que Vós amais. Sabemos que Satanás nunca será mais forte do que Deus, pois Vós o vencestes. Sabemos que o bem triunfará

OS DISCÍPULOS DE EMAÚS

sobre o mal, pois Vós tirastes o pecado do mundo. Sabemos que pouco a pouco reforjais a unidade da família humana. Tendes entre as mãos a sorte de todos os povos. Nem todos vos reconhecem, mas não estão menos submetidos aos vossos misericordiosos e justos decretos.

Os homens acreditam poder dirigir os seus passos ao seu bel-prazer, mas só Vós conduzis o mundo. Por que caminhos tenebrosos, por meio de que retrocessos provisórios, ao preço de que sofrimentos, isso não nos cabe saber. Não nos cabe escolher os nossos caminhos, mas, como Vós estais neles conosco, temos a certeza de que conduzis ao seu destino glorioso a raça dos homens que redimistes. "Ficai conosco, Senhor, e esperaremos sempre".

AO ENTARDECER DO PRIMEIRO DIA

"Sou eu! Apalpai-me e vede, pois um espírito não tem carne nem ossos como vedes que eu tenho" (Lc 24, 39).

O medo dos discípulos

As primeiras manifestações do Salvador a Maria Madalena e a Pedro deviam preparar os discípulos para a ideia, para eles inconcebível, da sua Ressurreição. Em breve, Cristo tiraria os Apóstolos da sua incerteza mostrando-se a eles, e desta vez mais longamente, a fim de convencê-los de que realmente triunfara sobre a morte. Esta aparição capital, que ocorreu ao entardecer do terceiro dia, é narrada por Lucas e João (Lc 24, 36-43; Jo 20, 19-23).

Foi provavelmente depois de ter visto o Senhor que Simão Pedro pediu aos Onze que se reunissem ao cair da noite. Todos acolheram o convite, exceto Tomé. Segundo Lucas, os discípulos de Emaús e talvez alguns outros também estavam presentes. Embora não se mencione o lugar da reunião, supõe-se geralmente que tenha sido a mesma casa amiga onde haviam celebrado a Páscoa

A **VITÓRIA** da Páscoa

com o Mestre. Quantas lembranças ao voltarem a encontrar-se no Cenáculo! Recordavam o comovente banquete de despedida, o longo colóquio que o seguira, mas também o anúncio que Jesus lhes fizera da deserção de todos: *"Eis que chega a hora, e já é chegada, em que vos dispersareis cada um para o seu lado, e me deixareis só. Mas eu não estou só, porque o Pai está comigo. [...] Confiai: eu venci o mundo"* (Jo 16, 32). Que espécie de vitória era essa de que lhes tinha falado?

Os discípulos tiveram o cuidado de trancar solidamente as portas da casa *por temor dos judeus*. Esse detalhe diz-nos muito acerca dos sentimentos dos Apóstolos. Têm a impressão de terem cometido uma enorme imprudência ao se reagruparem. As autoridades judias, informadas da descoberta do túmulo vazio, deviam ter atribuído a desaparição do corpo de Jesus aos seus discípulos, e talvez já tivessem mandado procurá-los. Que bela "redada" para a polícia, se conseguissem apanhá-los ali!... O medo não é razoável porque não é racional: correram os ferrolhos, como se representasse uma grande dificuldade para os guardas arrombar a porta!

Observemos que a única coisa que os Onze certamente não esperavam era ouvir Cristo subir os degraus da escada: a única intervenção que consideravam possível era a dos seus adversários. Não é o que acontece ainda hoje, com excessiva frequência? Alguns cristãos inventam medos tolos

AO ENTARDECER DO PRIMEIRO DIA

a respeito daqueles que se dizem seus inimigos, ao invés de esperarem a visita do Amigo sempre presente, de Cristo que venceu o mundo.

Os discípulos acabavam de tomar uma modesta refeição quando ouviram uns golpes à porta. Mas a comoção dissipou-se rapidamente: não eram agentes do Sinédrio, e sim Cléofas e o seu amigo. Os peregrinos de Emaús confirmaram a assombrosa notícia que Pedro trouxera: o Senhor vivia! Tinha caminhado com eles pela estrada e explicara-lhes as profecias que lhe diziam respeito.

Ainda falavam quando Cristo em pessoa, com todas as portas fechadas, apareceu no meio deles e lhes disse: *"A paz esteja convosco!"* Todos reconheceram essas palavras habituais do Mestre, esse alegre bom-dia que lhes dirigia todas as manhãs, esse boa-noite quando iam repousar. Mas seria mesmo Ele que lhes falava, como se nada tivesse acontecido desde que lhes fora arrebatado? Nem uma só palavra de condenação aos discípulos pela fuga, nem uma única alusão às torturas que sofrera? *Shalom,* a sua saudação habitual. Não, eles estavam sonhando: fora a narrativa de Cléofas que lhes transtornara a cabeça. *Aterrados e cheios de medo, julgavam ver um espírito.*

A palavra "espírito" deve ser tomada aqui na sua acepção popular, como fantasma, espectro ou sombra, qualquer imagem que lembre um defunto sem ser ele mesmo. Ou seja, os Apóstolos não precisaram esperar pelos psicólogos futuros

A VITÓRIA da Páscoa

para formular a hipótese de uma alucinação. Um reflexo instintivo fê-los pensar que eram vítimas de uma ilusão e levou-os a rejeitar a realidade física dAquele que estava no meio deles.

Mas Cristo não tinha perdido o hábito de ler os pensamentos dos seus discípulos: *"Por que vos perturbais e por que sobem ao vosso coração esses pensamentos? Vede as minhas mãos e os meus pés, pois sou eu!"* A seguir, o Senhor prestou-se a um minucioso exame, até que os Apóstolos tivessem certeza de que o corpo que tinham diante deles era o mesmo que haviam conhecido outrora e que fora pregado na cruz. Que se aproximassem, que observassem as suas mãos e os seus pés: as cicatrizes da crucifixão estavam claramente visíveis. Que inspecionassem o seu peito, pois ainda trazia a marca do golpe da lança.

Se receassem que os seus olhos os enganavam, seria mais convincente a prova do toque: *"Apalpai--me e vede, pois um espírito não tem carne nem ossos como vedes que eu tenho"*. Deixou-os examinar-lhe os pés, as mãos e o lado.

Ora, os Onze ainda hesitavam. Desconfiavam da "alegria" que acabavam de experimentar ao reconhecê-lo. Não era belo demais para ser verdade? Mas o Senhor não se cansaria enquanto não chegassem ao final das suas dúvidas: *"Tendes aqui alguma coisa que comer?"*, perguntou-lhes. Ofereceram-lhe um pouco de peixe assado que sobrara da refeição. Jesus serviu-se e comeu na presença de todos.

AO ENTARDECER DO PRIMEIRO DIA

Abramos um parêntese a respeito deste detalhe que por si só levanta mais problemas do que resolve. Como é possível que um corpo no estado glorioso possa absorver um alimento material? Que foi feito do pedaço de peixe comido por Jesus? Encontramo-nos aqui em pleno domínio do milagre — ao menos tanto como no momento em que o Salvador multiplicara os pães e os peixes para alimentar as multidões —, e este é um dos aspectos da Ressurreição sobre o qual dissemos que exigia a submissão da fé. No entanto, escreve um comentador, "se o fato de ter comido diante dos Apóstolos não estabelece cientificamente, por experiência fisiológica, a realidade do corpo de Cristo glorioso, ao menos estabelece-a por meio de um sinal popular e na linguagem do senso comum".

O objetivo do Salvador era proporcionar aos Apóstolos a certeza de que não sofriam de alucinações, de que estavam na presença de uma *realidade,* não de um fruto da sua imaginação. Cristo não simulou uma imagem corporal para aparecer-lhes, mas retomou o seu corpo de outrora, com o qual andava, falava e comia. O seu corpo tinha agora outras propriedades — por exemplo, não teve necessidade de passar pela porta para encontrar-se no meio deles —, uma vez que já tinha entrado na vida gloriosa que Deus destina a todos os homens. E essa vida gloriosa era uma realidade.

— "Sim, *sou eu!"* É Ele quem está lá, Ele que fora posto no túmulo, que se livrara dos laços da morte e continuava a viver. Em outras duas aparições o Senhor renovaria esse ato que ultrapassa a nossa compreensão, mas no qual os Apóstolos encontrariam uma prova sensível da realidade do seu corpo, prova sobre a qual Pedro não receou apoiar-se: *"Deus ressuscitou-o ao terceiro dia, e tornou-o manifesto [...] às testemunhas escolhidas de antemão, a nós que com Ele comemos e bebemos depois de ressuscitado dos mortos"* (At 10, 40-41). A historicidade dos relatos do Evangelho mostra-se uma vez mais com toda a força na maneira como referem a alegria das primeiras testemunhas da Ressurreição. Um mistificador não teria deixado de mostrar os discípulos entregues a comemorações exuberantes e desmedidas, o que no-los tornaria justamente suspeitos. São João escreve com simplicidade: *Os discípulos alegraram-se vendo o Senhor.*

Nada de demonstrações excessivas: a alegria que experimentam é sobretudo interior. O que lhes acontecia ultrapassava toda a expressão. No espaço de uns poucos dias, a causa a que tinham dedicado toda a sua vida sofrera uma derrota total e, quando parecia irremediavelmente perdida, Aquele que os tinha chamado a implantar o Reino de Deus sobre a terra reaparecia bruscamente diante deles, vivo. É razoável admitir que semelhantes abalos os deixassem sem palavras.

Além disso, essa revivescência inimaginável do Mestre assassinado fazia-se acompanhar de um mistério mais impenetrável ainda. Que era essa

AO ENTARDECER DO PRIMEIRO DIA

estranha vida em que agora se manifestava, quais seriam doravante as suas relações com Ele, qual seria o próprio destino deles? Essas questões e muitas outras entreabriam-lhes perspectivas que dificilmente suscitariam o seu entusiasmo. Sentimo-los alegres ao verem justificado por Deus o seu Mestre injustamente condenado e cruelmente supliciado; adivinhamo-los tremendo de alegria quando lhe tocavam as mãos; mesmo assim, devemos representá--los graves e ainda inquietos. A Ressurreição é um fenômeno dos mais obscuros. Sim, *era Ele;* mas, por que passara pela morte — e que morte!? Que pretendia fazer? O Senhor não deixaria os seus espíritos em suspenso por muito tempo.

Um poder inaudito

No livro dos Atos, São Lucas comenta que, nas aparições aos Apóstolos durante os quarenta dias que se seguiram à Ressurreição, Cristo lhes falou do Reino de Deus. No seu Evangelho, insere um resumo dessas instruções entre a aparição no Cenáculo e a que precedeu a Ascensão (Lc 24, 44-47). Diziam respeito à ordem providencial da Morte e da Ressurreição do Messias e à missão que caberia aos discípulos de anunciar a todas as nações que o perdão dos pecados seria dado em seu nome a quem quer que aceitasse a mensagem evangélica da salvação. Estes dois temas estão estreitamente ligados um ao outro, pois não

A **VITÓRIA** da Páscoa

há perdão para os pecadores se Cristo não expiou todos os pecados do mundo, e a sua Ressurreição para uma vida nova fixa o caráter exclusivamente religioso desse Reino de Deus. Durante os últimos meses da sua pregação o Senhor advertira em vão os seus discípulos acerca deste último ponto; agora podiam compreendê-lo melhor à luz da Ressurreição, enquanto esperavam a efusão do Espírito Santo que rasgaria todos os véus.

São João precisa que, desde a aparição do entardecer do dia da Páscoa, o Senhor comunicou ao colégio apostólico o poder propriamente divino de perdoar os pecados. No momento de deixá-los, depois de ter tornado a dizer-lhes: *"A paz esteja convosco"*, declarou: *"Assim como meu Pai me enviou, também eu vos envio"*. A seguir, tendo soprado sobre eles, continuou: *"Recebei o Espírito Santo; àqueles a quem perdoardes os pecados, ser-lhes-ão perdoados; àqueles a quem os retiverdes, ser-lhes-ão retidos"*.

Os Apóstolos sabiam agora que a obra de Jesus não terminara, mas que continuaria por meio do sacerdócio deles. O mesmo dom do céu que valera ao mundo a Encarnação, outorgava-lhe a Igreja. Assim como o Pai enviara ao mundo o seu Filho único, assim o Filho enviava-os a eles a todas as nações da terra para a mesma missão de salvação. E esta tinha como primeira condição a remissão dos pecados.

No começo do seu ministério, quando ainda ninguém pressentia a sua verdadeira natureza,

AO ENTARDECER DO PRIMEIRO DIA

Cristo tinha intrigado fortemente os que o cercavam curando um paralítico a fim de provar que possuía o poder de perdoar os pecados, um poder que não podia pertencer senão a Deus. Mais tarde, afirmara que transmitiria esse poder à sua Igreja. Falando aos Doze da obrigação e dos limites do perdão, acrescentara: *Em verdade vos digo: Tudo quanto ligardes na terra será ligado no céu, e tudo o que desligardes na terra será desligado no céu"* (Mt 18, 18).

Na tarde do dia da sua Ressurreição, confere-lhes por fim expressamente essa prerrogativa divina de perdoar os pecados (não apenas de declará-los remidos pelo sacrifício da Cruz, mas de aplicarem eles mesmos aos homens o sacrifício redentor, julgando se deviam conceder ou recusar-lhes o perdão). Que semelhante poder nada tinha em comum com as forças humanas, o Senhor indicava--o com este preâmbulo: *"Recebei o Espírito Santo"*. O Espírito de Deus assistiria os Apóstolos nesse ofício de juízes. Não seria segundo critérios humanos que deveriam remitir ou reter os pecados, pois o Espírito Santo iluminaria e guiaria a sua Igreja no exercício desse poder incondicionado.

Antes o Senhor *soprou sobre eles.* Não tinha até então empregado esse "sinal". Esse gesto exprimia, muito mais que a imposição das mãos, que o poder confiado à Igreja nascia do coração de Cristo ferido de amor pelos homens pecadores. Assim como não podia instituir a Eucaristia senão na véspera da sua Morte, durante a Última Ceia,

A **VITÓRIA** da Páscoa

porque esse banquete estava ligado ao sacrifício do Corpo e do Sangue derramado e efundido para a remissão dos pecados de uma multidão, da mesma forma, uma vez que a certeza da salvação dos homens estava ligada à Ressurreição, era do peito de Cristo ressuscitado que devia sair o sopro da nova vida concedida aos homens perdoados. *Nosso Senhor Jesus* [...] *foi entregue pelos nossos pecados e ressuscitado para a nossa justificação*, escreve São Paulo (Rm 4, 25). E o Apóstolo quer que ao menos calculemos o preço desse prodígio de amor: *Fostes comprados por alto preço* (1 Cor 6, 20).

Precisamos compreender que entre Deus e o pecador há muito mais do que um abismo: há a necessária desaparição do pecador. O pecador merece a morte. Por isso, foi necessário que um Homem consentisse em desempenhar até o fim o papel do pecador e sentisse pesar sobre ele a cólera de um Deus ofendido. Cristo quis ser esse Homem e, embora fosse o Filho bem-amado, aceitou que o Pai lhe voltasse as costas e o abandonasse à sorte do pecador, a um castigo autêntico, a uma morte verdadeira. Como esse Homem, o único justo e inocente, se entregou sem condições à justiça de Deus, em nome de todos os seus irmãos pecadores, essa justiça pôde fazer-se misericórdia. O Cordeiro de Deus tirou o pecado do mundo: a sua Ressurreição trouxe-nos a certeza do nosso perdão. "Não era necessário que Cristo, o Filho do homem, sofresse todas essas coisas para que

AO ENTARDECER DO PRIMEIRO DIA

nele a humanidade pudesse renascer para uma vida nova, para uma vida de obediência filial, para uma vida de fidelidade amorosa, para uma vida finalmente gloriosa?"

Pecado e justiça social

Os Apóstolos teriam todo o tempo necessário para aprofundar as palavras do Mestre e avaliar o poder de que eram investidos. Desde já compreendiam que as suas concepções do Reino messiânico tinham sido definitivamente varridas pelo milagre da Ressurreição. Já não era questão de pegar em armas para libertar Israel e submeter as nações à lei mosaica. Ei-los armados de uma força completamente diferente, unicamente espiritual, para libertar todos os povos da terra da servidão do pecado e fazer da humanidade uma raça divina. O Senhor voltaria a dizê-lo mais explicitamente nas aparições seguintes, e mesmo assim alguns discípulos teriam dificuldades para compreendê-lo (cf. At 1, 6).

Nós mesmos não estaremos demasiado inclinados a esquecê-lo? Mesmo sem nos extraviarmos nos sonhos nacionalistas do antigo Israel, gostaríamos muito de apontar um objetivo e uns limites terrenos à obra da Redenção. Como os antigos hebreus, insistimos em vincular às nossas observâncias religiosas a recompensa imediata de uma felicidade humana e as provações que

A VITÓRIA da Páscoa

experimentamos atingem-nos como uma injustiça. Por pouco não duvidamos da eficácia do cristianismo diante de um mundo descarrilado que, depois de vinte séculos de pregação evangélica, continua a deixar-se arrastar passivamente a todos os crimes, e diante das descobertas do gênio humano que são utilizadas para imensas empresas de destruição. E ouve-se então a clássica queixa: "Se Deus existisse, essas coisas não aconteceriam".

Não abriguemos a nossa covardia sob o véu de uma blasfêmia fácil. *Deus não tem por que fazer a nossa obra*. Faz a sua, e ela é magnífica. A paz do mundo — entre os povos tal como entre as classes sociais — não tem senão um adversário, o Pecado. O que ameaça a paz? Sempre as mesmas causas: a avareza, a inveja, a sede de domínio, a ambição, o espírito de lucro e de prazer. Os pecados, nada mais que os pecados: estes são os autores da miséria dos homens.

Esperar do cristianismo que estabeleça automaticamente bons governos, leis econômicas justas, condições sociais equitativas, seria recair na velha ilusão de um reino de Deus terreno. As reformas temporais, que estão continuamente por refazer, são obra dos homens, e estes só as executam bem na medida em que renunciam ao pecado. O que o cristianismo trouxe ao mundo foi a vitória de Cristo sobre o pecado, a remissão dos pecados pela sua Igreja, o dom de uma vida

AO ENTARDECER DO PRIMEIRO DIA

nova que, por ser uma vida com Deus, estabelece entre os homens umas relações fraternas. Não há no mundo senão duas potências antagônicas: não o Ocidente e o Oriente, mas o reino de Deus e o reino do Pecado.

Cristãos: no momento em que outros cedem ao medo e já não sabem que mais portas aferrolhar para escaparem aos diversos males que tanto temem, refugiemo-nos com o pensamento no Cenáculo iluminado pela presença do divino Ressuscitado. Adoremos o "Cordeiro de Deus que tira os pecados do mundo"; tomemos consciência da palavra de São Paulo: *Estamos mortos para o pecado* (Rm 6, 2), e nela encontraremos a serenidade, a confiança, a paz. Cuidemos de não passar com demasiada rapidez sobre esse "Cordeiro de Deus" que pronunciamos com tanta frequência batendo no peito. Quer seja diante da Hóstia das nossas comunhões ou sob a absolvição sacerdotal, pensemos nAquele que nos obteve o perdão tão generosamente concedido, pensemos como foi necessário que o nosso Senhor sofresse, até que extremos foi necessário que nos amasse.

O APÓSTOLO QUE NÃO CONSEGUIA CRER

Respondeu Tomé e disse: "Meu Senhor e meu Deus!"
(Jo 20, 28).

Por que permaneceram em Jerusalém?

Ao anoitecer do dia da Páscoa, dez Apóstolos, um certo número de discípulos e de mulheres já creem firmemente que Cristo ressuscitou. Não se apressarão agora a voltar para a Galileia, a fim de obedecer à mensagem dos anjos? *Passados oito dias,* escreve São João, *estavam outra vez reunidos os discípulos na casa, e Tomé com eles.* Ainda não tinham deixado Jerusalém, portanto. Com esta base, a crítica negativa rejeita a autenticidade da segunda aparição no Cenáculo.

É uma conclusão bastante apressada e muito superficial. Parte-se de um pressuposto: no oitavo dia da Ressurreição, os Apóstolos *deviam* ter voltado à Galileia, e portanto não podiam ver Cristo em Jerusalém nesse dia. Examinemos a situação de maneira mais objetiva. Um Apóstolo afirma que, nesse oitavo dia, ele e os seus companheiros ainda estavam na Cidade Santa e que o Senhor voltou a aparecer-lhes no Cenáculo. Para contradizer uma

A VITÓRIA da Páscoa

testemunha ocular, seria necessário estabelecer que a permanência dos Apóstolos em Jerusalém durante a semana da Páscoa era impossível ou, pelo menos, improvável. Mas não é nem uma coisa nem outra, muito pelo contrário.

Voltaremos a encontrar os Apóstolos em Jerusalém no dia da Ascensão, quarenta dias depois da Ressurreição. Se deixaram a cidade no nono dia após a Páscoa, e tendo em conta a duração das duas viagens, restam ainda mais de três semanas para as aparições na Galileia. Ou seja, nada há de impossível nisto. Até as probabilidades estão de acordo. Com efeito, as festas judaicas da Páscoa estendiam-se ao longo de toda uma semana: o livro do Êxodo (cf. Ex 12, 14-20) menciona expressamente *sete dias ázimos*. Nem todos os peregrinos partiam ao anoitecer do 16 de Nisan ou no dia seguinte.

Objeta-se — o próprio João no-lo dá a conhecer — que a cidade não era segura para os amigos de Jesus, e que estes, *por temor dos judeus,* deviam ter partido assim que possível. Pode ser que a maior parte dos discípulos e das mulheres tivesse voltado para a Galileia sem demora, mas a sua partida não excluía que os Onze permanecessem em Jerusalém com toda a discrição que o caso impunha. Também se argumenta com a frase de São Mateus: *Os onze discípulos foram para a Galileia, ao monte que Jesus lhes indicara* (Mt 28, 16). No entanto, nada permite saber se o Salvador marcou esse lugar de encontro ao anoitecer do dia da Ressurreição ou no domingo seguinte. E se por acaso os Apóstolos tinham um motivo determinante para prolongar a sua permanência em Jerusalém antes de voltarem para a Galileia? Podemos muito bem supô-lo, e assim passamos do âmbito do provável para uma conjectura bastante próxima da certeza.

Não é difícil imaginar qual seria o comportamento dos dez Apóstolos no dia seguinte ao domingo da Páscoa. Anunciaram com comovida alegria a notícia da Ressurreição, já firmemente estabelecida, aos irmãos que encontravam na cidade, e a quem a prudência efetivamente aconselhava que se afastassem. Ora, as suas declarações não encontraram uma acolhida uniformemente favorável. Marcos e Mateus relatam-nos a incredulidade de vários. Os Dez não os trataram a pedradas: afinal, ainda na véspera, eles mesmos rejeitavam a simples ideia de semelhante prodígio, e o Salvador tivera bastante trabalho para lhes dissipar as últimas dúvidas. Simplesmente, esforçavam-se por convencer os outros.

Por que era preciso que entre esses outros houvesse um, Tomé (*Dídimo,* na versão grega do seu nome; tanto o aramaico como o grego significam "gêmeo"), cujo prestígio reforçava a oposição daqueles que se mostravam céticos? Bem podiam repetir-lhe os Dez: *Vimos* o *Senhor,* que só conseguiam que ele se obstinasse no seu preconceito: *Se eu não lhe vir nas mãos* o *sinal dos cravos e não meter* o *meu dedo no lugar dos cravos e a minha mão no seu lado, não crerei* (Jo 20, 24-25). Por outro lado, durante a aparição da tarde da Páscoa, o colégio apostólico recebera a missão de pregar a Boa-Nova da salvação em nome do Messias que entrara na sua glória. Como é natural, esse primeiro apostolado deveria exercer-se na Galileia, onde Cristo contava com mais discípulos. Sim, mas a atitude de Tomé os impedia de começar logo em seguida, pois arriscava tornar-se um germe de dissidência. Que confusão nos espíritos, se um dos Apóstolos negasse aquilo que os outros afirmavam! Não era caso de afastar o seu companheiro: o Mestre, antes de ir para o suplício, insistira tanto em que deviam permanecer unidos! Os Dez só podiam esperar que Tomé se rendesse ao seu testemunho e pedir ao Senhor que se dignasse iluminar o Apóstolo que não conseguia crer.

Assim, respeitando escrupulosamente os textos e sem nenhum artifício, estamos em condições de compreender por que os Apóstolos ainda se encontravam em Jerusalém no oitavo dia, e de proclamar que nada há que conteste legitimamente a autenticidade da segunda aparição, tão instrutiva para nós.

O "incrédulo" Tomé

É por isso que, ao falar de Tomé, digo "o Apóstolo que não conseguia crer". Parecer-me-ia injurioso

O APÓSTOLO QUE NÃO CONSEGUIA CRER

à sua memória insinuar que não queria crer. Os casos mais claros são às vezes os mais complexos, e o de Dídimo não é uma exceção à regra. Observemos antes de mais nada o que se pode invocar em sua defesa.

A sua boa vontade era total. Caso contrário, Cristo não teria tido com ele as atenções que lhe demonstrou. Se Tomé exprime as suas exigências de maneira um pouco rude, talvez seja menos por causa do seu orgulho que do seu caráter, feito de uma só peça. Algumas semanas antes, os seus companheiros tinham tentado dissuadir o Salvador de deixar o lugar para onde se retirara, na Pereia, a fim de voltar a Betânia, onde Lázaro acabara de morrer: *"Rabi, os judeus ainda há pouco te procuravam apedrejar, e de novo vais para lá?"* Já Tomé não tinha apoiado esses cálculos da prudência humana. Grande coisa! *"Vamos também nós e morramos com ele"* (Jo 11, 7-16).

O Apóstolo não tinha deixado de amar esse Mestre com quem estava disposto a deixar-se esmagar a pedradas. E de onde vinha esse seu desejo obstinado de ver o Salvador que os outros diziam ter visto, senão — em parte — de uma certa inveja inconfessada, que era também ela uma prova de amor? No seu íntimo, sofria por não o ter visto, desejava ardentemente vê-lo. Por acaso temos a certeza de que não orava no seu interior: "Rabi, se verdadeiramente ressuscitaste, faze com que eu veja"? Desejava crer, mas não podia.

A VITÓRIA da Páscoa

"Não podia, segundo declarou, porque não tinha visto". Não lhe censuremos com tanta pressa essa falta de humildade; talvez houvesse em Tomé um interesse superior e um desejo de fidelidade. Quando comprovamos, na primeira pregação dos Apóstolos, a importância que atribuíam à sua qualidade de testemunhas oficiais de Cristo ressuscitado, é preciso convir em que o Dídimo se sentiria desqualificado, talvez forçado a abandonar o apostolado, se não pudesse certificar pessoalmente a *realidade* em que viria a basear-se a fé milenar da Igreja.

Que lhe pediam os seus irmãos de apostolado? Que voltasse com eles para a Galileia, atestar que Cristo estava vivo. Mas como poderia ele afirmá-lo enquanto não tivesse visto o Ressuscitado? A sua reivindicação não era ofensiva nem para o Senhor nem para os outros Apóstolos, dos quais não tinha a menor intenção de separar-se. E eis o drama: queria permanecer com eles e não podia suportar a certeza que manifestavam. Drama que a cada dia que passava se tornava mais insolúvel. Os Dez resolveram por fim calar-se, pois a sua insistência não fazia senão acentuar o endurecimento do incrédulo. É verdade que estavam menos escandalizados pela sua teimosia do que aflitos com a sua angústia e o seu sofrimento. Mas por que não conseguia crer? Cristo no-lo vai permitir entender.

O Senhor, com efeito, não se manifestou ao Dídimo numa aparição privada, como fez com

O APÓSTOLO QUE NÃO CONSEGUIA CRER

Cefas e Tiago. Semelhante favor teria parecido autorizar os erros do Apóstolo, pois Tomé devia ter começado por dar crédito à afirmação unânime dos seus irmãos. Recusou o testemunho destes para exigir uma evidência direta, e foi nisto que consistiu o seu erro. Ao seu desejo legítimo de verificar também ele a Ressurreição, o Senhor teria podido aceder, e sem demora, se ele tivesse dito: "Creio, Senhor, mas aumenta a minha fé". Pelo contrário, o Apóstolo pretendeu subordinar a sua fé a uma experiência pessoal, e Deus não se dobra diante de semelhantes condicionamentos.

Tomé quis convencer-se por si mesmo; o Senhor deixou-o, pois, entregue a si mesmo, isto é, à sua radical incapacidade de chegar por si próprio à luz. Os outros tinham-lhe invocado as passagens da Escritura que Cristo citara a Cléofas; Tomé analisava-as sem conseguir chegar a nenhuma conclusão: os textos prestavam-se a tantas interpretações! Seis dias de pesquisas solitárias não o levaram senão a umas trevas mais espessas. Por si só, jamais chegaria a crer.

Eis por que, ainda sem render as armas, mas talvez confessando a si mesmo que o amor-próprio tinha alguma parte nas suas negações, ele se reaproximou dos amigos daqueles que Cristo tinha escolhido ao mesmo tempo que a ele —, encerrando a dúvida que o roía num silêncio que os outros já não tentavam romper.

A VITÓRIA da Páscoa

E então, porque *Tomé estava com eles*, o Senhor voltou a aparecer nas mesmas condições que no domingo anterior, com todas as portas fechadas, desejando-lhes a paz como da outra vez. Os outros tinham dito a verdade: assim, seria diante deles que o incrédulo seria confundido e apresentaria as suas honrosas desculpas. Imediatamente Cristo o chamou pelo seu nome: *Mete aqui o teu dedo e olha as minhas mãos, e estende a tua mão e mete-a no meu lado, e não sejas incrédulo, mas fiel* (Jo 20, 27).

Sim, realmente era o Senhor. Mais do que pelas suas chagas, Dídimo reconheceu-o pelo seu modo de falar, que não era o de um Mestre ofendido, mas de um Amigo repleto de compaixão: "Não permaneças na incredulidade. Crê como os outros". Terá Tomé usado da liberdade que Cristo lhe dava, ou terá antes tomado a mão cicatrizada do Salvador nas suas, ao experimentar uma certeza superior à de todas as provas sensíveis?

Da sua consciência trabalhada por uma sucessão ininterrupta de desejos desatinados e oposições tenazes, a graça fez irromper a fé mais maravilhosa. Por uma dessas desforras que por si mesmas garantiriam a sinceridade do discípulo passageiramente infiel, por um desses saltos súbitos frequentes à hora das conversões, ele, que se afastara da fé comum, foi o primeiro na Igreja a proclamar não apenas a filiação divina do Salvador — como Pedro fizera em Cesareia —, mas a sua plena divindade: *Meu Senhor e meu Deus!*

O APÓSTOLO QUE NÃO CONSEGUIA CRER

Qual não terá sido a alegria dos Dez diante da reviravolta experimentada pelo seu irmão! Num instante, desvaneceram-se as suas angústias. Como tinham feito bem em atrasar a sua volta para a Galileia! Daí para a frente, a experiência de Tomé convenceria todos os que duvidassem.

Mas era preciso que esse doloroso incidente não se renovasse e que o juízo próprio não pensasse ter o direito de prevalecer contra o da Igreja. *"Por que me viste, creste?*, repreendeu-o o Senhor; *bem-aventurados os que não viram e creram"*. Contar-se-iam por milhões os fiéis que haveriam de crer na Ressurreição apoiados apenas na palavra das testemunhas. Cristo não disse que seríamos mais felizes que os Apóstolos que o viram, mas que teríamos parte na sua felicidade. A nossa alegria será igual à deles, pois a nossa fé será a mesma.

Podemos supor sem temeridade que a aparição do oitavo dia foi a ocasião para que o Senhor completasse as suas instruções aos Apóstolos. Mas o relato de São João termina nessa lição que os cristãos terão de meditar.

Humildade e independência

Meu Senhor e meu Deus! Um converso nunca consegue desfazer-se da sua natureza. A forte personalidade do Apóstolo revela-se igualmente incondicional tanto no momento em que desafia: *Não crerei!*, como naquele em que adora: *Meu Senhor*

A VITÓRIA da Páscoa

e meu Deus! Diante do problema religioso, é difícil fazer abstração de si mesmo. Os dois termos são necessariamente "meu Deus e eu mesmo". Não nos admira que Tomé tenha querido ver pessoalmente o Salvador ressuscitado; o seu erro e a sua infelicidade foram confiar apenas na sua própria experiência.

Não terá o Apóstolo entre nós mais de um irmão "gêmeo"? Ao menos, todos temos obrigação de evitar o arrecife contra o qual ele se arriscava a naufragar. Não seremos cristãos sólidos e ativos se não possuirmos em matéria religiosa *convicções pessoais;* mas não devemos, na busca da verdade, fiar-nos exclusivamente do nosso *juízo pessoal.*

O texto evangélico é muito sugestivo. Na tarde do dia da Páscoa *Tomé não estava com eles.* Não por culpa sua, sem dúvida, mas o fato é este: estava ausente. Oito dias mais tarde, *estava com eles.* Transponhamos a cena para o nosso caso. Não se chega à verdade cristã total senão com a condição de *pensar com a Igreja.* Se nos subtrairmos à sua tutela, não seremos mais do que *crianças que flutuam e se deixam levar por todo o vento de doutrina, pela malícia dos homens, empregando estes astutamente, para enganar, os artifícios do erro* (Ef 4, 14).

— É uma contradição, direis. Se eu renunciar à minha liberdade de juízo, como poderei adquirir uma convicção "pessoal"?

— Precisamente não te separando da Igreja, cujo testemunho nos permite alicerçarmos por

O APÓSTOLO QUE NÃO CONSEGUIA CRER

nós mesmos as nossas convicções sobre certezas. A certeza não depende da nossa maneira de ver. Um fato é certo, uma doutrina é verdadeira independentemente das nossas faculdades de observação e raciocínio. Não temos que *criar a verdade,* mas apenas *reconhecê-la* onde realmente se encontra. Ora, a Igreja é o único lugar onde encontraremos Jesus Cristo na plenitude do seu ser e a sua doutrina na sua rigorosa exatidão. Ela não suprime as nossas pesquisas, mas esclarece-as; não aniquila o nosso juízo, mas guia-o. Modera as nossas presunções, revela os nossos preconceitos, mostra-nos o erro. A nós, que não vimos nem ouvimos o Mestre, ensina-nos aquilo que os Onze viram e ouviram, a fim de que saboreemos a felicidade de crer.

Irmãos, vós que não conseguis crer, não tenhais a pretensão de refazer por vossa conta o trabalho de vinte séculos de cristianismo. Para facilitar a vossa tarefa pessoal, a Igreja oferece-vos as conclusões dos seus doutores e as experiências dos seus santos. "Não temos dois caminhos diferentes", escrevia Ozanam, "um para buscar a verdade, outro para praticá-la. Eis por que Cristo não se faz buscar. Mostra-se plenamente vivo na sociedade cristã que nos cerca. Está diante de nós"[*].

Irmãos que não conseguis desembaraçar-vos das vossas dúvidas, não deveis partir batendo a

---

[*] *Cartas,* vol. II, pág. 384.

porta; *permanecei na Igreja.* Permanecei com os vossos irmãos. Se ainda não o conseguis, ou se já não vos é mais possível *pensar* como eles, podeis ao menos *viver* como eles. Aquele que faz o bem não faz outra coisa senão *praticar a verdade,* como dizia o Senhor, e por aí *vem à luz* (Jo 3, 21).

Procurai também *orar* com eles e repetir a oração do Apóstolo que por pouco não abandonou tudo. Mas, e se as palavras dessa invocação não correspondem aos vossos sentimentos atuais? Dizei-as da mesma forma, como uma lembrança ou, melhor, como uma esperança. Se desejais crer, o Senhor far-vos-á encontrar a luz na sua Igreja e, no dia em que Ele quiser, podereis também vós exclamar de todo o vosso coração, sem nenhuma reticência: *Meu Senhor e meu Deus!*

A APARIÇÃO À BEIRA DO LAGO

"Senhor, tu sabes tudo, tu sabes que eu te amo". Disse-lhe Jesus: "Apascenta as minhas ovelhas" (Jo 21, 17).

Uma nova pesca milagrosa

"Falava-lhes do reino de Deus", diz-nos São Lucas a respeito das instruções do Senhor ressuscitado aos seus discípulos. No entanto, ao longo de dois anos e meio, Cristo não lhes tinha falado de outra coisa, e verdadeiramente tinha dito tudo. Eram eles que nem sempre tinham compreendido tudo, porque persistiam em contar com acontecimentos muito diferentes daqueles que se haviam produzido.

A Ressurreição, abrindo-lhes horizontes inesperados, mostrava a doutrina do Mestre à sua luz verdadeira e total. Esta nova pregação dos quarenta dias foi como a revisão dos ensinamentos de outrora. E onde poderia dar-se melhor do que na moldura da Galileia, onde tinham conversado juntos tantas vezes? A evocação do passado devia ajudá-los a enfrentar as tarefas de um futuro próximo. Esta é, ao menos, a impressão que tiramos

A VITÓRIA da Páscoa

das duas únicas aparições na Galileia que os Evangelhos mencionam.

A primeira ocorreu às bordas do lago de Tiberíades, pouco tempo depois do regresso dos Apóstolos à Galileia, e por ocasião de uma nova pesca milagrosa*. O relato de São João é o de uma testemunha ocular: foi tomado da própria vida.

Chegados de Jerusalém, os Onze tinham se separado para retornar às suas famílias, mas vários que moravam junto do lago encontravam-se todos os dias e, de forma plenamente natural, procuravam a subsistência no exercício da sua antiga profissão. *"Vou pescar"*, disse certa tarde Simão Pedro. Tiago e João acompanharam-no, juntamente com dois outros Apóstolos e dois discípulos.

Esse lago, como lhes lembrava os entusiásticos começos da sua grande aventura! Cristo que pregara na barca de Simão, as multidões na margem que o tinham escutado horas e horas seguidas, mas sobretudo aquela tarde em que, seguindo as indicações do Mestre, tinham-se posto ao largo em pleno dia e as suas duas barcas quase tinham soçobrado sob o peso dos peixes capturados. Fora então que Simão, André e os dois filhos de Zebedeu tinham deixado as suas redes para seguir o Senhor e tornarem-se *pescadores de*

---

* Convém ler com cuidado a frase de São João (Jo 21, 14): *Esta foi a terceira vez que Jesus apareceu aos discípulos depois de ressuscitado dos mortos*. O evangelista não se refere aqui às aparições a pessoas isoladas, mas apenas àquelas em que Cristo se mostrou aos "discípulos", que seriam as *testemunhas oficiais* da Ressurreição.

A APARIÇÃO À BEIRA DO LAGO

homens. Essas lembranças assaltavam-lhes a memória enquanto o barco se afastava da margem no silêncio da noite...

Teriam também consciência, ao contemplarem as estrelas, de que chegara o momento de apanharem homens nas redes do Evangelho? Teriam compreendido que não deveriam levar a mensagem de Cristo dispersos, mas reunidos num só corpo? A esse corpo, o Mestre chamara-lhe "a sua Igreja", e dera-lhe Pedro por cabeça. De momento, porém, absorvia-os o presente imediato, e este não era nem um pouco brilhante, pois não apanharam nada durante toda a noite — embora essa coincidência não lhes pareça ter chamado a atenção.

Ao voltarem sob as primeiras luzes do amanhecer, a menos de cem metros da margem, ouviram alguém que os chamava. Da praia, um desconhecido apontava-lhes, à direita deles, um cardume de peixes que não podiam ver do interior da barca. Assim que lançaram a rede, não conseguiram mais trazê-la para cima, de tão cheia que estava. No mesmo instante, identificaram Aquele que se encontrava à borda do lago. João foi o primeiro a exclamar: *"É o Senhor!"* A essas palavras, Simão Pedro, deixando os seus companheiros debaterem-se com a carga da rede, amarrou a túnica em torno da cintura e lançou-se à água para chegar mais rápido, para chegar antes dos outros. Estes também se apressaram. Aplicando-se aos remos, arrastaram atrás do barco a rede e os peixes.

135

A VITÓRIA da Páscoa

Uma vez em terra, o que viram cortou-lhes a palavra. Cristo acendera com as suas próprias mãos um pequeno braseiro, sobre o qual pusera a assar um pouco de pão e de peixe — Cristo que não viera ser servido, mas servir (cf. Mt 20, 28). Como duvidar de que realmente estivesse vivo, no seu próprio corpo, Aquele que haviam conhecido e que agora reconheciam? Com a mesma facilidade de outros tempos, o Mestre acertou todos os detalhes: *"Trazei dos peixes que apanhastes agora"*. Pedro, como é evidente, voltou imediatamente para a barca; também foi ele quem dirigiu a manobra para puxar a rede. Os pescadores devolveram ao lago o pescado miúdo para conservar apenas as peças mais belas. Estenderam-nas sobre a praia, e chegaram mesmo a contá-las: havia cento e cinquenta e três. (Entre os antigos exegetas, não faltou quem se desdobrasse para descobrir o simbolismo desse número. Dentre essas interpretações, não é das menos engenhosas aquela que, observando que a Antiguidade conhecia apenas cento e cinquenta e três espécies de peixes, encontrava nessa miraculosa redada uma imagem da universalidade da Redenção).

Os discípulos dissimularam a sua emoção atarefando-se nas redes e na seleção dos peixes: nenhum deles ousava questionar Jesus. Não era mais como antes: sentiam a distância que agora os separava. *"Vinde e comei"*, disse-lhes o Mestre e ofereceu aos seus convidados o pão e o peixe do repasto, que compartilhou com eles.

O amor de Simão Pedro

Enquanto alinhava os grandes peixes sobre a areia, Simão talvez ouvisse ecoar no seu íntimo a palavra que lhe fora dirigida em circunstâncias semelhantes: *"Doravante serás pescador de homens"* (Lc 5, 10). Ou talvez mastigasse, com um nó na garganta, o seu sanduíche de peixe, recordando a noite terrível em que se revelara tão covarde. E dizer que o Senhor lhe pusera o nome de Cefas, "a rocha". Rocha que tremia, pedra que rolava... Não seria antes a João que o Mestre deveria confiar as chaves do Reino? Ele mesmo, o renegado, tinha-se mostrado indigno delas.

Cristo tinha pressa de apaziguar os escrúpulos do seu Apóstolo e de confirmá-lo no primado que lhe conferira. Ao predizer-lhe a sua negação, não havia acrescentado que mesmo assim lhe caberia confirmar na fé os seus irmãos? Agora, estava prestes a renovar essa declaração diante de João, Tiago, Natanael e Tomé, aquele que queria saber tudo. Preferiu expressamente que não estivessem presentes todos os Onze, pois não se tratava de uma reinvestidura ou de uma reabilitação pública. Nada daquilo que precedera a sua Morte tinha sido abolido; pelo contrário, tudo aquilo que tinha anunciado haveria de cumprir-se. A sua Igreja faria a sua entrada na História e Pedro seria o seu chefe. *"Tu és Pedro, e sobre esta pedra edificarei a minha Igreja [...]. Dar-te-ei as chaves do reino dos*

A **VITÓRIA** da Páscoa

céus" (Mt 16, 18-19). As palavras pronunciadas em Cesareia de Filipe não passariam.

No entanto, à borda do lago, o Senhor não recorreu mais à metáfora da Rocha, tirada de Isaías (cf., por exemplo, Is 26, 4); nesta reunião mais íntima, na suave manhã de primavera, pareceu-lhe preferível retomar a imagem de Ezequiel que tinha aplicado a si mesmo: *"Eu sou o bom pastor"* (Jo 10, 11; cf. Ez 34, 12), o inverossímil Pastor capaz de sacrificar a vida para arrancar as suas ovelhas à morte.

Cristo permaneceria sempre o único Pastor do rebanho, mas, como teria de subir para o Pai, um outro deveria ocupar o seu lugar sobre a terra, aquele a quem entregava o seu cajado, Pedro a quem agora diria por três vezes: *"Apascenta os meus cordeiros. Apascenta as minhas ovelhas".* Ninguém dentre os discípulos teria ousado contestar as prerrogativas anteriormente conferidas a Pedro; fora ao seu Apóstolo que o Senhor tinha desejado mostrar confiança. Por isso, antes da tríplice renovação do seu mandato, ofereceu-lhe três vezes a ocasião de dar um elevado testemunho da sua fidelidade. Três vezes: esta seria a única alusão às três negações.

Quando acabaram de comer, Jesus disse a Simão Pedro: "Simão, filho de João (não o chama Cefas, pois este sobrenome talvez avivasse os seus remorsos), *amas-me mais do que estes?"* Como devia ser perturbadora para o Apóstolo esta pergunta direta! Responder diante dos outros, diante de João, que

A APARIÇÃO À BEIRA DO LAGO

o seu carinho pelo Mestre era maior que o dos outros? Outrora, vangloriara-se disso: *"Mesmo que todos te abandonem, eu não"*, e quanto não lhe havia custado essa afirmação impulsiva!

No entanto, Cristo acabava de especificar: *"mais do que estes"*. Não havia dúvida quanto à sua intenção: Pedro, chamado a ser o primeiro, devia servir mais e melhor do que os outros, isto é, amar mais. O Apóstolo deixou que o Senhor julgasse por si a afeição sem limites que lhe consagrava e respondeu humildemente: *"Sim, Senhor, tu sabes que eu te amo"*. Simão não foi temerário e o Mestre apreciou essa reserva, pois, interrogando-o uma segunda vez, não aludiu mais aos outros. Simplesmente disse: *"Simão, filho de João, amas-me?"*

Por que esta repetição? Sem dúvida, agradava ao Senhor receber uma nova declaração do devotamento de Pedro, e a Pedro afirmá-lo mais uma vez. Mas, na terceira vez, os olhos do discípulo, esses olhos que tinham chorado tanto, tiveram dificuldade em reter as lágrimas. *Pedro entristeceu--se de que pela terceira vez lhe perguntasse: "Amas-me?"* Duvidaria dele o Mestre?... E ele, Simão, indignar--se-ia diante dessa suspeita ou, pelo contrário, soçobraria no desespero? Não, o admirável Apóstolo, verdadeiramente digno de ser a nossa cabeça, nem se revoltou nem se desfez em soluços; abandonou--se no Senhor. A tristeza só tornou mais terna a sua voz: *"Senhor, tu sabes tudo, tu sabes que te amo"*. *Disse-lhe Jesus: "Apascenta as minhas ovelhas"*.

As delicadezas do perdão divino

O Mestre surpreendera-o em outra ocasião, quando lhe ordenara que perdoasse até setenta vezes sete. O Apóstolo ainda não conhecia então todas as delicadezas do perdão divino. Agora, acabava de experimentá-las. São os homens que exigem dos seus semelhantes explicações e desculpas; Deus não pede ao pecador senão que se arrependa. Porque, uma vez cometido o pecado, a sua malícia aparece-nos com mais clareza, censuramo-nos mais amargamente; e temos razão, desde que nessa amargura não se introduza algum tanto de despeito. Estaremos tão orgulhosos da nossa virtude que pensemos ser incapazes de pecar? É por isso que, quando um pecador se arrepende, Deus não lhe fala do seu pecado. O pecado não se vê mais. Um pecado que Deus apagou já não existe.

Observemos no entanto que, se Cristo não recordou a Pedro a sua falta passada, também não lhe pediu um compromisso para o futuro. Que nota falsa não ressoaria nesse diálogo comovente se de repente se tivesse ouvido esta pergunta: "Voltarás a renegar-me?" Teríamos caído das nuvens. São os homens que exigem juramentos e assinaturas; Deus não. É verdade que, desconfiando da sua fraqueza, o pecador convertido desejará impor a si mesmo os laços de uma promessa ou de um voto, mesmo que, por vezes, só consiga desta forma agravar a sua nova queda com um perjúrio.

Quanto ao Senhor, Ele não nos pergunta pelo futuro; pede-nos apenas que nos mantenhamos sempre no presente: "*Simão, filho de João, amas-me?* Tudo está nisto. No teu amor presente, vejo a tua contrição sincera pelo passado e, para o futuro, a tua vontade mais humilde e mais prudente".

Mas era necessário que o Apóstolo chegasse até a completa renúncia de si próprio, e o Senhor não lhe deu repouso enquanto Simão não tomou consciência do seu nada. Assim como o professor que recebeu de um aluno uma resposta correta, mas não suficientemente precisa, insiste em que o próprio estudante a formule com mais exatidão, assim o Mestre tornou a propor a questão, uma vez, duas vezes. A sua insistência feriu ao vivo o coração sensível de Simão, mas a dor iluminou-o subitamente. "Se te amo, Senhor?", tinha começado a responder, atualizando tudo aquilo que sabia e sentia em si mesmo de fervoroso carinho pelo seu Mestre bem-amado: "Podes duvidar de que te amo? Sabes muito bem que não há coisa no mundo de que eu tenha mais certeza".

A seguir, pôde ler no olhar do Salvador que se estava extrapolando e que continuava ainda a apoiar-se em si mesmo. Mas a nuvem logo se dissipou. "Sim, o Senhor conhece os sentimentos do meu coração, mas sabe também aquilo que eu ignoro, e que ainda sou capaz de fraquejar, e que nunca o amarei o suficiente, e que talvez ainda não o ame *mais do que estes*. Terei o direito de dizer que o amo de verdade?" E então modificou a sua resposta: "Senhor, Tu conheces todas as coisas, lês no meu coração melhor do que eu mesmo, e lês também na minha vida. Conheces o meu destino, como o de todos os homens. Sabes aquilo que não sei, e só Tu podes saber se te amo... No entanto, como sabes todas as coisas, interrogar-me-ias se não soubesses que te amo?"

Cristo disse-lhe: *"Apascenta os meus cordeiros"*. As chaves do reino estariam em boas mãos. Pedro conduziria a Igreja do Senhor, encorajaria os seus irmãos, repreenderia aqueles que se extraviassem; estabeleceria sobre a terra o reino da caridade. Jesus, que conhece todas as coisas, sabia que o seu Apóstolo o amaria sem desfalecer, e, como autêntico pastor, chegaria ao ponto de dar a vida por Ele.

O Senhor faz questão de assegurar-lho, anunciando-lhe a seguir o fim trágico, mas bem--aventurado, com que Pedro haveria de *glorificar a Deus*. Quanto a nós, esforcemo-nos em primeiro lugar por tornar nossa a oração do mais amoroso dos discípulos de Cristo.

Perdão e amor

Com certeza, a lição que Cristo dá ao Príncipe dos Apóstolos aplica-se principalmente aos que têm o dever de "apascentar o rebanho de Deus que lhes foi confiado" (cf. 1 Pe 5, 2), e a quem esta função obriga a um amor exclusivo. Mas haverá

A APARIÇÃO À BEIRA DO LAGO

algum cristão para quem seja supérfluo o exemplo de Simão Pedro?

Vale a pena notar que o Espírito Santo quis pôr sob os olhos de todas as gerações cristãs a conduta de dois Apóstolos ardentes e generosos — Pedro e Tomé —, mas que tinham caído momentaneamente, e nesses mesmos dias em que Cristo operava a Redenção dos pecadores, na Sexta-feira Santa e no domingo da Páscoa, foram convertidos um e outro pela misericordiosa bondade do Salvador e elevando-se a seguir, Tomé até os mais altos cumes da fé, Pedro até os pináculos do amor.

Todos nós, sem nenhuma exceção, precisamos aprender de Cristo como perdoar àqueles que nos ofenderam, sem exigir explicações, sem condições, sem reservas; e de Pedro, qual o amor com que o pecador deve corresponder ao perdão de Deus.

Também a nós o Senhor só nos pede o nosso amor presente, com aquilo que necessariamente comporta de arrependimento, humildade, generosidade, mas também de abandono pleno à sua graça. *"Amas-me?"* Esta é a única pergunta que nos faz.

Quantas vezes não lhe respondemos: *"Sim, Senhor, tu sabes que te amo"*, e pouco depois o traímos. Será que não éramos sinceros quando lhe prometemos não mais ofendê-lo? Com a mão sobre a consciência, estávamos firmemente decididos a permanecer-lhe fiéis. Mas Ele, que sabe tudo, sabia tanto uma coisa como a outra: que o amávamos e que voltaríamos a ser-lhe infiéis. Quando nos convenceremos, enfim, de que não é o nosso amor que nos salvará, mas o dEle? *Nisto está a caridade, escreve São João, não em que nós tenhamos amado a Deus, mas sim em que Ele nos amou e nos enviou o seu Filho como vítima expiatória dos nossos pecados* (1 Jo 4, 10).

"Senhor, Vós conheceis todas as coisas. Conheceis-me melhor do que eu me conheço. Sabeis que não vos amo tanto como desejo, e sobretudo não tanto como mereceis. Sabeis que deixei de cumprir as minhas promessas com excessiva frequência e que receio mentir-vos mais vezes ainda. Mas então, quem pôs em mim o desejo de vos amar e o tormento de vos dar provas tão medíocres do meu amor? Quem, apesar das minhas fraquezas, das minhas desobediências, até da minha mesquinhez, quem se obstina em renovar no meu coração egoísta a vontade de vos amar sempre e de vos amar melhor? Quem se não Vós, Senhor? O pior castigo com que poderíeis atingir-me seria que deixásseis de pedir-me que vos amasse. Poupai-me isto. Atormentai-me todos os dias com esta mesma pergunta que, mais do que humilhar-me, me devolve a confiança: «*Amas-me?*»

"Fazeis questão do meu amor. Que sou eu diante do inacreditável mistério da vossa ternura pelos homens? Senhor, podeis tudo. Dai-me a coragem de permanecer-vos fiel. Sem dúvida, repetir a mim mesmo cada dia que Vós me amais será para mim o meio mais seguro de vos amar sempre".

A APARIÇÃO SOBRE O MONTE

*"Ide, pois, fazei discípulos meus todos os povos [...].
E eis que estou convosco todos os dias até a consumação do
mundo"* (Mt 28, 19-20).

Um novo Sermão da Montanha

A Redenção do mundo levada a cabo por Jesus Cristo efetuar-se-á por meio da sua Igreja. Este ensinamento primordial foi daqueles que o Senhor ressuscitado fez questão de recordar aos seus discípulos. E o fez sobretudo quando lhes apareceu sobre um monte da Galileia.

Esta aparição tem de particular que, à diferença das anteriores, em que Cristo se manifestou de improviso, foi marcada com antecedência. *Os onze discípulos,* escreve São Mateus, *foram para a Galileia, ao monte que Jesus lhes indicara, e, vendo-o, prostraram-se.* O dia evidentemente havia sido fixado de antemão, tal como o lugar, e não nos custa nada imaginar a pressa e o fervor com que os Apóstolos subiram a colina onde sabiam que o Senhor os esperava.

Não terá essa convocação reunido outros discípulos além dos Onze? Alguns autores pensam que sim, porque, escrevendo por volta do ano 52, São Paulo menciona uma aparição *a mais de*

A VITÓRIA da Páscoa

quinhentos irmãos de uma vez, dos quais muitos ainda vivem, e alguns morreram (1 Cor 15, 6). Em função desse número de testemunhas, deve ter sido um acontecimento tão considerável que nos admiraríamos se não tivesse deixado nenhum traço nos Evangelhos. Uma reunião dessa importância não era concebível em Jerusalém, nas proximidades do Sinédrio e do pretório: deve ter ocorrido na Galileia. Não se trataria dessa aparição sobre o monte, da qual Mateus retém apenas a presença dos Onze?

A aparição à beira do lago tinha evocado a escolha dos primeiros Apóstolos a seguir à primeira pesca milagrosa; esta reunião sobre um monte recordava por sua vez o célebre discurso inaugural do Salvador diante de um enorme auditório. Ora, a propósito do Sermão da Montanha, Mateus fala-nos de grandes multidões que acorreram das regiões circunvizinhas quando ouviram falar dos milagres realizados pelo novo Profeta; no entanto, enquanto elas se mantinham sobre os declives da colina, o Senhor *sentou-se, aproximaram-se dele* os discípulos, *e, abrindo a boca, Ele os ensinava...* (Mt 5, 1-2).

São Lucas descreve-nos o mesmo espetáculo: uma multidão imensa vinda para ouvir Jesus e fazê-lo curar os doentes. E o evangelista prossegue: *levantando os olhos sobre* [os discípulos], *Ele dizia...* (Lc 6, 20). O Sermão da Montanha tivera, portanto, numerosos ouvintes, embora Cristo se tenha dirigido sobretudo aos discípulos situados

A APARIÇÃO SOBRE O MONTE

perto dele. Não terá acontecido o mesmo na aparição da Galileia, em que foram nomeados somente os Onze porque estavam na primeira fila e eram os chefes, ao passo que várias centenas de discípulos se acotovelavam atrás deles? Não é senão uma hipótese, mas ao menos é verosssímil.

O que o Senhor ia dizer interessava, em todo o caso, à Igreja inteira: era verdadeiramente um segundo Sermão da Montanha o que ia pronunciar. No primeiro, tinha exposto o programa do Evangelho; no segundo, determinaria a sua difusão pelo mundo.

Obediência e soberania

Diante dos homens que lança à conquista do mundo, o Senhor afirma em primeiro lugar a sua onipotência. A preeminência e os títulos de glória que São Paulo lhe há de reconhecer estão incluídos nesta breve declaração: *"Todo o poder me foi dado no céu e na terra"*. É verdade que esse poder universal Ele o possuía desde toda a eternidade, mas, pela sua Encarnação, havia-o velado e restringido voluntariamente. Apenas os três Apóstolos admitidos ao espetáculo da Transfiguração tinham podido suspeitar dele; e mesmo assim, Cristo tinha-lhes proibido de falar dele *"até que o Filho do homem ressuscite dos mortos"* (Mt 17, 9).

Desde a Ressurreição, o seu poder está livre de todos os entraves. Cristo, Deus-homem, é o Senhor

A **VITÓRIA** da Páscoa

do mundo, e conquistou esse senhorio pela sua vitória no dia da Páscoa. Antes que tivesse dado início à sua missão terrena, Satanás, pressentindo nEle o Messias, tentara fazer fracassar pela segunda vez o plano divino. Mostrando-lhe todos os reinos do mundo com o seu esplendor, dissera: "Tudo isto me pertence e eu to darei se de joelhos me adorares" (cf. Mt 4, 8-10). Cristo tinha rejeitado esse oferecimento sacrílego e mentiroso do tentador; pelo contrário, arrancaria ao Maligno essa dominação usurpada por meio da sua humilde obediência à vontade do Pai.

Com efeito, fora pelos misteriosos caminhos de um sofrimento expiatório que Ele *entrara na sua glória*, a fim de associar a si a humanidade regenerada e transformada numa raça divina. Depois de se ter aniquilado para se revestir da condição humana, rebaixara-se ao nível de um servo, levando a obediência ao ponto de morrer sobre a Cruz. Ao seu sacrifício, Deus respondia conferindo-lhe toda a soberania *nos céus, na terra e nos abismos* (Fl 2, 6-11).

Sobre a colina, onde os discípulos reconheceram a voz que os havia encantado e encorajado tantas vezes, puderam contemplar por fim o Messias glorioso. Com certeza, não era esse tipo de glória o que tinham ambicionado para Ele — nem para si mesmos... No entanto, as suas esperanças tinham sido ultrapassadas. O seu Cristo vencera o mundo, a terra pertencia-lhe por direito, e agora cabia a eles — à Igreja — transformar esse direito numa

A APARIÇÃO SOBRE O MONTE

realidade. *"Ide, pois"*, disse-lhes. A missão deles, prolongamento da sua, decorria da sua soberania e do seu poder; era como Vencedor que Ele os enviava a tomar posse do universo. Isaías tinha predito que todos os pagãos da terra se converteriam ao verdadeiro Deus. O Salvador retomou e confirmou essa profecia: *"Fazei discípulos meus todos os povos"*. Na passagem paralela de São Marcos, uma fórmula equivalente sublinha talvez ainda mais a universalidade da missão da Igreja: *"Ide por todo o mundo, e pregai o Evangelho a toda a criatura..."* (Mc 16, 15).

As armas de que os discípulos se haveriam de servir para esta conquista pacífica eram as mesmas que Cristo tinha empregado. Enviava-os sem ouro, sem prata, sem diplomas, sem nada do que constitui um recurso e um prestígio junto dos homens. As suas cartas de recomendação seriam os milagres que Deus realizaria através das suas mãos (cf. Mc 16, 17-18). Mas o Evangelho continha em si mesmo a força necessária para convencer. Que pregassem por toda a parte a Boa-Nova, a doutrina da salvação! A missão da Igreja é salvar os homens do pecado para fazer da terra o reino de Deus e do céu a morada eterna da humanidade resgatada.

Assim se realizaria o inimaginável desígnio de amor do Pai que enviara o seu Filho ao mundo, a fim de que aqueles que o recebessem e cressem nEle se tornassem filhos de Deus. Já aqui em baixo eles nasceriam para essa vida do alto, da qual

A VITÓRIA da Páscoa

Cristo falara a Nicodemos nos começos da sua pregação; passariam por um *novo nascimento* cujo autor seria o Espírito Santo, sob o sinal da água (cf. Jo 3, 3-5). Essas palavras, bastante enigmáticas, o Senhor as explicava agora sobre o monte da Galileia: *"Batizai-os em nome do Pai e do Filho e do Espírito Santo"*. Esse rito batismal não teria senão uma semelhança superficial com o de João Batista. O Precursor mergulhava (este é o sentido da palavra "batizar") os seus adeptos nas águas do Jordão, e esse ato era um símbolo da purificação das suas almas. Os futuros discípulos de Cristo seriam realmente purificados quando fossem mergulhados regenerados na própria vida das três Pessoas divinas.

"Quem crer e for batizado salvar-se-á, mas quem não crer condenar-se-á" (Mc 16, 16). As duas condições são inseparáveis. O batismo só introduz na família de Deus aquele que crê no Evangelho: sem a fé, esse rito estaria desprovido de valor. Por outro lado, os que creem só possuem a vida divina graças ao batismo que os reúne num só corpo do qual Jesus Cristo é a Cabeça, segundo a comparação de São Paulo. Fé e batismo, enfim, não suprimem o esforço pessoal dos discípulos por conformar a sua conduta com os preceitos e os exemplos do Salvador. Esta é a última recomendação do Senhor: *"Ensinai-os a observar tudo quanto vos mandei"*.

A APARIÇÃO SOBRE O MONTE

Enviados ao mundo inteiro

Nós, que chegamos depois de vinte séculos de cristianismo, lemos essas palavras com uma tranquila serenidade, talvez tranquila demais. Que efeito produziram elas nos discípulos que as ouviram pela primeira vez? Não os encarregava o Mestre de uma tarefa sobre-humana?

Que o Evangelho devia ser anunciado a todos os povos, isso não devia surpreendê-los: os Profetas tinham repetido com suficiente clareza que todas as nações se converteriam ao Deus de Israel. Mas os meios que Jesus lhes deixava para realizar a conquista religiosa de toda a terra diferiam singularmente daqueles que tinham esperado: pregar, batizar... Que eficácia podia ter isso?

O seu Mestre não fora *"enviado senão às ovelhas perdidas da casa de Israel"* (Mt 15, 24). Infelizmente, porém, mal convertera um punhado delas. Como poderiam ter mais sucesso do que Ele, quando os enviava, não já aos seus compatriotas, mas a todos os habitantes da terra, cujas línguas nem ao menos sabiam falar?

O mundo inteiro! Por acaso tinham-se debruçado alguma vez sobre o mapa do universo? Para o leste, a Caldeia, de onde Abraão, seu pai, partira seguindo o chamado de Deus; a Babilônia, de sinistra memória; e que homens haveriam de encontrar além do Eufrates? Ao sul, uns povos cujas fronteiras se

A VITÓRIA da Páscoa

perdiam nas areias. Para o oeste e o norte, o imenso Império Romano, cercado de nações bárbaras, cujos territórios permaneciam inexplorados.

Deviam converter em discípulos de Cristo esses povos inumeráveis. Que desafio paradoxal! Pregar a humildade e a mansidão aos romanos embriagados da sua força e cujas legiões faziam tremer a terra. Pregar a loucura da Cruz aos gregos amantes de discussões e a misericórdia aos citas brutais e violentos. Pregar o amor fraterno a umas sociedades em que florescia a escravidão, e a santidade do Pai dos céus aos adoradores de umas divindades que encorajavam todos os vícios. E para evangelizar esse mundo inteiro, já não eram nem ao menos doze. Quantos discípulos se disporiam a unir-se a eles? O Mestre não lhes tinha dissimulado anteriormente as perseguições que teriam de enfrentar: seriam levados diante dos governadores e dos reis, açoitados com varas, lançados na prisão, conduzidos à morte. Estranho programa para converter o mundo inteiro!

Na realidade, porém, nada mais lhes parecia estranho desde que tinham visto o seu Mestre ressuscitado dentre os mortos. Nem um dos Apóstolos ergueu a voz para protestar contra as ordens que Ele lhes dava. O que deveria tê-los assustado serviu apenas para transmitir-lhes segurança. A sua missão ultrapassava as medidas humanas porque não era um homem quem lhes confiava essa tarefa sobre-humana: era o Vencedor da morte, Aquele

A APARIÇÃO SOBRE O MONTE

que recebera *todo o poder no céu e na terra*. Cristo não os deixou sem lhes ter dito a palavra que os cumularia de confiança: *"Eis que Eu estou convosco todos os dias até a consumação do mundo"*. Tudo era possível porque não estavam sós. Cristo não abandonava a sua obra: Ele a levaria a cabo com eles. Todos os dias estaria com eles para aconselhá-los, para animá-los, para protegê-los. Todos os dias, até ao fim do mundo...

Não há dúvida de que, nesse futuro que prometia tantas conquistas e tantos sofrimentos, um ponto permanecia obscuro. Teriam eles o tempo de pregar o Evangelho a todos os povos antes de que o mundo desaparecesse? Estariam todos eles presentes quando Cristo voltasse na consumação dos séculos? Ou seriam outros os que deveriam continuar o seu trabalho? É digno de nota que, depois do prodígio de Pentecostes, a Igreja primitiva, longe de se precipitar para os quatro cantos do mundo, organizou lentamente a sua obra de evangelização: passados dez anos, ainda nenhum pagão tinha recebido o batismo. Os Apóstolos permaneciam à escuta do Espírito Santo, tão atentos a obedecer-lhe quanto a não se adiantarem às suas inspirações. O tempo passava, sem dúvida, mas Cristo é o Senhor do tempo e estava com eles todos os dias.

Também de nós o Senhor exige o mesmo ardor e a mesma paciência para cumprir a missão que

A VITÓRIA da Páscoa

a sua Igreja nunca há de terminar. Até o dia da parusia, os fiéis repetirão sem a modificar a oração que Ele lhes ensinou: "Venha a nós o vosso reino!" O reino de Deus sempre está por vir. Nos nossos dias, conhecemos os limites do "mundo inteiro" que os Apóstolos ignoravam; possuímos, para entrar em contato com as populações que cobrem o globo, umas facilidades de penetração de que eles não dispunham. No entanto, dois terços da humanidade ainda escapam à influência do cristianismo. Mais ainda, em muitos países já cristianizados, massas mais ou menos consideráveis repudiaram a religião dos seus pais. Para dizer a verdade, o trabalho de evangelização tem de ser retomado a cada geração, porque a adesão ao Evangelho é um passo estritamente pessoal.

Como no primeiro dia, a Igreja continua a estar, e sempre estará, em presença de uma tarefa que ultrapassa as forças do homem. A urgência da nossa missão cresce sem dúvida à medida que os progressos técnicos diminuem as distâncias entre os povos e favorecem o retorno da família humana à unidade. No entanto, a nossa obra é em primeiro lugar a de Jesus Cristo: eis por que, sem ceder nos nossos esforços, não desanimamos como não desanimaram os primeiros operários do Evangelho. Com Ele, não temos o direito de falar de uma tarefa impossível, não há para nós senão o dever cotidiano de ensinar os homens "a

A APARIÇÃO SOBRE O MONTE

observar tudo quanto o Salvador nos mandou": é o meio que o Senhor escolheu para converter o mundo ao Evangelho.

JESUS CRISTO, NOSSA TESTEMUNHA NO CÉU

E, enquanto os abençoava, afastou-se deles e foi elevado ao céu. E eles, depois de se prostrarem diante dEle, voltaram a Jerusalém com grande alegria (Lc 24, 51-52).

A ascensão de Cristo

A ausência de um ser querido mergulha-nos ordinariamente na tristeza, sobretudo quando é definitiva. Ora, este é o caso aqui: o Salvador ressuscitado já não voltará a mostrar-se aos Apóstolos, já não retornará para conversar com eles. No entanto, não se desfazem em lágrimas! Pelo contrário, voltam a Jerusalém *com grande alegria.* Abatidos e desencorajados quando, no Cenáculo, o Mestre lhes falava do seu retorno para o Pai, na hora em que efetivamente os deixa, longe de soçobrarem na aflição, encontram-se cheios de alegria.

É que, na realidade, desta vez eles sabem que Cristo não os abandona. Sobe *ao céu,* onde vai *preparar--lhes um lugar* (cf. Jo 14, 2); mas, graças ao Espírito que há de enviar, *deverão ocupar o lugar dEle na terra,* a fim de continuar a sua obra. Já os havia advertido disso: *Naquele dia conhecereis que estou no meu Pai, e vós em mim e eu em vós* (Jo 14, 20). Hoje, a sua alegria pode expandir-se sem sombras.

A **VITÓRIA** da Páscoa

O dia da Ascensão marca, com efeito, a transição entre a vida histórica de Jesus e a sua vida mística na Igreja. Uma antífona litúrgica descreve o mistério que comemoramos e indica muito bem as suas duas vertentes: "Ó Rei da glória, Senhor dos exércitos celestes, que hoje subiste triunfante ao mais alto do céus, não nos deixeis órfãos, mas enviai-nos o Espírito de verdade que o Pai prometeu".

Consideremos em primeiro lugar a entrada de Cristo no céu, que é para nós a razão para uma imensa alegria.

A liturgia da Ascensão celebra, numa longa e entusiástica aclamação, o triunfo de Jesus Cristo. Na liturgia das horas deste dia, reaparece com frequência o refrão: "Glória a ti, Jesus, que voltas vitorioso para o céu!" E um hino compraz-se em descrever as fases do combate em que o Senhor, carregado com os nossos crimes, parecia ter sofrido uma derrota esmagadora: no entanto, não era senão uma retirada estratégica, seguida do mais maravilhoso dos reerguimentos, pois, descido ao caos dos infernos, rompeu ali as cadeias do nosso cativeiro e, vencedor do demônio, retirou-se para triunfar à direita do Pai.

O salmo responsorial da missa — tomado de um poema composto em ação de graças pelas vitórias militares de Israel — ressoa com a mesma nota triunfal: "Povos, aplaudi com as mãos, aclamai a

Deus com vozes alegres... Subiu Deus por entre aclamações, o Senhor, ao som de trombetas..." (cf. Sl 46).

Esses acentos facilmente encontram eco nos nossos corações. O Filho de Deus, que nos amou tanto e suportou por nós humilhações e sofrimentos, bem merecia retomar a sua glória. Não nos é indiferente que a sua partida se tenha realizado no Monte das Oliveiras, perto desse horto da agonia onde três Apóstolos o tinham visto prostrado de dor diante do silêncio implacável do Pai ofendido pelos pecadores. Agora que os pecados do mundo foram expiados, Deus responde ao seu Filho obtendo-lhe um brilhante triunfo.

A nossa alegria é grande porque sabemos que Jesus Cristo é infinitamente feliz. *Se me amásseis,* dissera Ele, *alegrar-vos-íeis, pois vou para o Pai* (Jo 14, 28). Gay explicava assim a alegria dos Apóstolos no dia da Ascensão: "[Até então], eles se amavam demasiado a si mesmos ao amarem a Jesus Cristo, mas agora é verdadeiramente a Ele que o amam, e por Ele mesmo. Vê-lo glorificado, sabê-lo bem-aventurado, basta para a sua felicidade".

Busquemos também nós alimento para a nossa oração e uma fonte de paz nesse pensamento da felicidade de Cristo, tão familiar a Charles de Foucault: "Quando estou triste, escrevia esse autor, digo a mim mesmo: tudo isto não impede o meu bem-amado Jesus de ser bem-aventurado... Amar é desejar com todas as forças do coração que o ser amado seja

A VITÓRIA da Páscoa

feliz. Pois bem!, sabemos o que queremos. O nosso bem-amado Jesus é bem-aventurado, portanto nada nos falta". E que pode faltar-nos quando sabemos, ainda por cima, que Cristo foi *preparar-nos um lugar*? O seu triunfo é também o nosso.

A nossa ascensão

A liturgia sublinha particularmente a parte que nos cabe na vitória do Senhor. No cânon da missa, a oração "Em comunhão com toda a Igreja...." apresenta uma variante:... "celebramos este dia santíssimo em que nosso Senhor, vosso Filho único, unida a si a nossa frágil humanidade, elevou-a à direita da vossa glória". Esse Cristo que contemplamos a entrar no céu não é o *Verbo incriado* — sob esse título, nunca chegou a deixá--lo (cf. Jo 3, 13) —, mas o *Verbo encarnado, com a sua natureza humana.*

São Gregório de Nisa, pregando sobre a Ascensão do Senhor, descreve uma cena pitoresca. Jesus Cristo teria chegado à soleira do céu e os anjos que o escoltavam teriam proclamado o versículo do Salmo 24: "Levantai, ó portas, os vossos dintéis; levantai-vos, ó pórticos antigos, para que entre o Rei da glória". Os guardas do céu acorrem, mas logo param perplexos, pois "não reconhecem esse Rei, que se revestiu do manto sórdido da nossa natureza e cujas vestes, no lagar das dores humanas, foram maculadas de sangue".

JESUS CRISTO, NOSSA TESTEMUNHA NO CÉU

Mas há mais. Cristo não somente introduziu no céu um exemplar dos filhos da nossa raça, mas, em si mesmo, *toda a humanidade resgatada*. O Salmo 67 representa-nos o retorno glorioso do Senhor sob uma forma dramática: *Subindo às alturas, levaste os cativos, recebeste homens em tributo* (Sl 67, 19). Assim como os generais vencedores da Antiguidade, ao receberem as honras do triunfo, arrastavam atrás do seu carro a longa fila dos prisioneiros que tinham feito, assim o Senhor, ao entrar no reino do seu Pai, é seguido pela multidão dos homens que arrancou à servidão de Satanás e que se entregaram voluntariamente ao Vencedor. Nós somos os prisioneiros de Cristo, pertencemos-lhe, entramos com Ele na morada da sua glória.

Não vejamos nisto mera poesia ou literatura, mas a expressão sob a forma de imagens de uma verdade fática, a saber, a unidade que existe entre Cristo e os membros da Igreja. Também São Paulo escreveu: *Deus, porém, rico em misericórdia, pelo grande amor com que nos amou, e estando nós mortos pelos nossos delitos, deu-nos a vida por Cristo [...], e corressuscitou-nos, e sentou-nos nos céus em Cristo Jesus* (Ef 2, 6). Os verbos estão no passado, tal como o "elevou" da oração do cânon: trata-se de uma realidade que já aconteceu. O Senhor Jesus fez-nos tomar lugar com Ele no céu.

Esta é a doutrina que pregava São João Crisóstomo: "A humanidade tinha-se comportado com tanta perversidade que correra o risco de ser apagada da terra. No entanto, nós que nos tínhamos mostrado indignos da terra, fomos hoje transportados para o céu [...]. Invadimo-lo, e passamos a ocupar ali um trono real. A nossa natureza humana, à qual os querubins barravam a entrada do paraíso, está hoje sentada acima dos querubins".

Num estilo menos retórico, mas com a sua costumeira exatidão dogmática, o papa São Leão Magno transmitia o mesmo ensinamento à comunidade romana: *"A Ascensão de Cristo é a nossa própria elevação*. Neste dia, não recebemos apenas a segurança de possuir o paraíso, mas na pessoa de Cristo penetramos no mais alto dos céus [...]. Aqueles que um inimigo violento tinha arrancado à felicidade da sua primeira morada, o Filho de Deus, tendo-os incorporado a si mesmo, pô-los à direita do Pai".

Santo Agostinho não se cansava de falar sobre a unidade do Corpo místico, do qual Jesus é a cabeça e nós os membros: "Nós somos os membros desta Cabeça. Impossível cortá-la. Se Ela está na glória para sempre, também os membros estão ali para sempre, a fim de que Cristo esteja intacto para sempre". E, em outra passagem: "A Cabeça precedeu os membros, e espera por eles, que a seguirão".

E ainda: "Cristo desceu do céu sem o Corpo de que se revestiu; sobe novamente para lá com o Corpo do qual se revestiu [...]. Também nós subimos, não pela nossa própria força, mas pela

JESUS CRISTO, NOSSA TESTEMUNHA NO CÉU

nossa união com Ele. Só não subiram com Ele aqueles que não quiseram tornar-se uma só coisa com Ele".

Portanto, é coisa feita: já entramos no céu com Cristo e nEle. Não falemos de "ganhar o céu" como se fôssemos os Titãs da fábula, como se essa conquista estivesse ao alcance de um homem. O nosso céu está ganho: Cristo o conquistou por nós. A nossa única tarefa é não perdê-lo, e também aqui o Senhor vem em nossa ajuda. Não contente de nos ter preparado um lugar, Ele o defende a fim de que não nos seja arrebatado. *Temos Jesus Cristo, o justo, por advogado perante o Pai* (1 Jo 2, 1). Cristo entrou *no próprio céu, para comparecer na presença de Deus em nosso favor* (Hb 9, 24). Assim, o Senhor faz-se a nossa testemunha no céu.

No entanto, a ajuda que Ele nos presta não termina aí. "Já estamos no céu em esperança, diz ainda Santo Agostinho, pois Cristo *está aqui conosco* pela caridade, à espera de que nos reunamos com Ele na realidade". Nas atuais condições da nossa existência, sobre esta terra, desfrutamos do triunfo do nosso Salvador. O Prefácio da missa assinala esta outra consequência da sua vitória: "O Mediador entre Deus e os homens [...] não se afasta da nossa pequenez, mas nos precede *para* que nós, os seus membros, o sigamos na esperança até a sua glória". Este favor não é reservado ao futuro: beneficiamos dele hoje. Deus, "que produz o céu em toda a parte onde se encontra" (Faber), mora na alma de cada novo batizado. O Espírito Santo, nosso hóspede, inspira os nossos pensamentos e a nossa oração. Citemos uma última vez Santo Agostinho: "Se trouxermos em nós o Deus do céu, seremos nós um céu".

Na verdade, não nos falta razão para aplaudirmos o nosso Salvador, para nos alegrarmos com Ele e dar-lhe graças, como a liturgia nos convida a fazer.

Morar no céu

Quando, sobre o Monte das Oliveiras, Cristo se subtraiu ao olhar dos discípulos que permaneciam pregados no chão, *dois homens com vestes brancas puseram-se diante deles e disseram-lhes: "Homens da Galileia, por que estais olhando para o céu?"* (At 1, 10-11). Não há dúvida de que devemos admirar o triunfo de Jesus e pensar no lugar que Ele nos foi preparar — esperança sempre misturada com algum temor —; mas é preciso que o nosso espírito não se fixe somente no passado e no futuro. Devemos desde agora "ocupar o céu", *morarmos* também nós pelo pensamento nas moradas celestes.

Não suspeitemos de nenhum artifício de linguagem: antes de possuirmos o céu na clara visão da Majestade divina, podemos morar ali pela fé, o que é uma coisa muito diferente do que simplesmente *pensar* na felicidade do além. *Mental*, mas *realmente*, podemos *morar* no céu. Não se possui uma moradia onde só se fazem umas rápidas incursões ou umas estadias intermitentes; a moradia designa uma habitação estável e, via de regra, a residência principal.

Em todo o caso, onde se mora, está-se *em casa*. Ora, sabemos que a Santíssima Trindade mora na alma do batizado: Deus está "em casa" ali; e assim ousamos entreabrir as portas do céu, o nosso espírito tem a pretensão de morar ali, como se estivesse em casa.

Mas não estaremos exagerando um pouco? Mais uma vez, não se trata de promessas vazias. Devemos pedir aquilo que desejamos vir a ter, *a mentalidade de um morador do céu*. Moraremos no céu na medida em que a nossa vida se assemelhe à dos anjos e dos eleitos. São Paulo não esperava menos dos cristãos. *Já não sois estrangeiros e hóspedes, mas concidadãos dos santos e familiares de Deus* (Ef 2, 19).

O céu é a pátria da santidade. Os seus felizes moradores não se lembram de que pecaram: esta palavra nunca se pronuncia ali. Haveremos nós de comparar-nos a eles, nós que ainda nos contamos entre os pecadores? As feridas das nossas faltas mais antigas nunca estão perfeitamente cicatrizadas e estamos sempre expostos a cometer o mal. Isto é verdade, e é bom para nos manter na humildade e na gratidão pelo perdão que recebemos; mas podemos, sim, estrangular em nós o desejo do pecado, podemos aplicar-nos a cumprir

A VITÓRIA da Páscoa

a vontade de Deus sobre a terra tal como é cumprida no céu. Aplicar-nos... e vencer. A alegria de uma boa consciência é já um recanto do céu sobre a terra, ou, como se lê na *Imitação*, é "a *glória* do homem de bem", aquele cuja felicidade está em "viver com Deus no seu íntimo"*.

O céu é a pátria do amor. A caridade manifesta-se ali com um esplendor desconhecido aqui em baixo, pois está purificada até do menor traço de egoísmo. Será que nos é impossível aclimatar esse amor sobre a terra? Cristo ensinou-nos a felicidade de servirmos os nossos irmãos sem esperar nenhuma recompensa, de nos entregarmos a ponto de perder a vida. Por menos que tenhamos posto em prática essas lições do Mestre, já teremos experimentado que as alegrias encontradas nesse esquecimento total de si mesmo não pertencem à terra. Ao fazer algum bem, como ao fazer o bem, já vivemos como no céu.

Será então que consideramos as feiuras, as injustiças, as dores da terra equivalentes à ordem, à beleza, à serenidade do céu? Não, com certeza, mas aquelas conduzem a estas, e o nosso pensamento mora no céu quando vemos desde já as nossas penas trocadas em alegrias.

O céu é enfim, e essencialmente, a pátria de Deus, a casa do Pai. Ora, nós moramos ali cada vez que unimos conscientemente a nossa oração

---

* *Imitação*, II, 6.

JESUS CRISTO, NOSSA TESTEMUNHA NO CÉU

ao louvor que ali se presta eternamente à Santíssima Trindade. Não é a oração "uma elevação da alma a Deus"? Quando, unidos ao Pai na oração, ao Filho pela Eucaristia, vivemos sob a influência do Espírito Santo as verdades da fé ao praticarmos a caridade, damos glória às três Pessoas divinas como cidadãos do céu.

Para dizer tudo numa só palavra, o céu é onde mora Cristo. Ora, Ele se digna viver em nós. "Estar com Jesus, suavidade do paraíso!"*

E, enquanto os abençoava, afastou-se deles e foi elevado ao céu. Em nenhuma outra circunstância o Evangelho nos diz que o Salvador tenha traçado o gesto da bênção sobre os seus discípulos. Fê-lo uma única vez: no momento da sua partida. Da mesma forma, os santos patriarcas, no momento de deixarem este mundo, abençoavam os seus filhos, para que eles se tornassem herdeiros das promessas de Deus. Ao abençoar-nos nesta manhã, o Senhor deixou-nos mais do que uma promessa: atraiu-nos e levou-nos para a sua glória, deu-nos o antegosto dela, porque a sua graça nos permite morar pelo pensamento nos céus.

---

* *Imitação*, II, 8.

OS CRISTÃOS, TESTEMUNHAS DE CRISTO NA TERRA

"Sereis minhas testemunhas em Jerusalém, em toda a Judeia, na Samaria, e até os confins da terra" (At 1, 8).

O anúncio do Espírito Santo

A partida de Cristo para o céu não privaria a terra da sua ação salvadora. Antes de deixar os Apóstolos, o Senhor prometeu-lhes novamente enviar o Espírito Santo, que lhes permitiria continuar a sua obra no mundo. Este compromisso solene do Salvador é o segundo objeto da festa da Ascensão, objeto que não é de forma alguma secundário, mas simétrico e complementar ao primeiro.

Por Cristo, com efeito, entramos no céu; por nós, Cristo tomará posse da terra. Diante do Pai, Ele é a nossa testemunha, como nós seremos as suas testemunhas diante dos homens. À direita de Deus, Ele é o ministro da nossa contemplação, como nós somos os ministros da sua ação no meio do mundo.

A VITÓRIA da Páscoa

A Epístola aos Efésios (Ef 4, 10-13) faz-nos reparar no vínculo que há entre a Ascensão do Salvador e o modo como Ele cuida da sua Igreja. Cristo subiu além de todos os céus a fim de encher o Universo, mas suscitou também apóstolos, profetas, evangelistas, pastores e doutores para tomar os cristãos — os "santos" — capazes de cumprir o seu ministério. Assim se edificará o Corpo de Cristo até que essa Igreja tenha formado uma humanidade perfeita, à medida de Cristo, que lhe reserva a plenitude dos seus dons.

O nascimento da Igreja ocorrerá na manhã de Pentecostes; hoje, ao subir para os céus, o Senhor anuncia-nos que ela será, como a primeira Anunciação, obra do Espírito Santo. A primeira leitura deste dia propõe-nos o relato que São Lucas nos transmitiu dessa segunda Anunciação (cf. At 1, 4-5).

Se os Apóstolos voltaram da Galileia para Jerusalém, não foi por iniciativa própria. Tornamos agora a encontrá-los na Cidade Santa. Depois de uma refeição de que tomou parte, o Salvador levou-os pela estrada que conduzia a Betânia. Disse-lhes então que permanecessem em Jerusalém até serem revestidos da força do alto (cf. Lc 24, 49). *"João batizou em água, porém vós, passados não muitos dias, sereis batizados no Espírito Santo".*

Os seus ouvintes não ignoravam que o Reino messiânico devia ser inaugurado por uma intervenção do Espírito de Deus. *Derramarei o meu*

OS CRISTÃOS, TESTEMUNHAS DE CRISTO NA TERRA

espírito sobre todo o *ser vivo,* podia-se ler no livro de Joel: *os vossos filhos e as vossas filhas profetizarão* (cf. Joel 3, 1-5; At 2, 15-21). Diversos dentre eles estabeleceram imediatamente o vínculo entre esse oráculo do Profeta e o anúncio da vinda do Espírito Santo: *"Senhor,* perguntaram-lhe, *é agora que vais restabelecer* o *reino de Israel?"* (At 1, 6).

Pobres e queridos Apóstolos... na primeira ocasião recaem nas suas esperanças de messianismo terreno. Mas não lhes faltavam desculpas para esse engano, e adivinhamos com facilidade os raciocínios que fizeram: "Haverá qualquer coisa de impossível Àquele que ressuscitou dentre os mortos? Não afirmou que é todo-poderoso nos céus e na terra? Portanto, nada pode impedi-lo de restaurar a antiga realeza".

Estamos retratados da cabeça aos pés nesse raciocínio: tudo o que é novo nos desconcerta, o desconhecido nos assusta, preferimos conceber o futuro de acordo com as nossas ideias feitas e as nossas experiências passadas. Parecia natural aos discípulos que o Povo Eleito, encarregado de dar a conhecer a mensagem evangélica a todas as nações, recobrasse primeiro a sua independência, e o seu espírito voltava-se naturalmente para as épocas mais gloriosas da história de Israel, quando Davi, o invencível', ou Salomão, o magnífico, representavam o poder de Deus. Não devia o Messias *restabelecer o império e trazer uma paz sem fim ao trono de Davi e ao seu reino?* (Is 9, 6). Esta realeza messiânica que

171

recusara antes da sua morte, Cristo ressuscitado não poderia aceitá-la e exercê-la agora?

Não uma restauração, mas uma criação

O Senhor não censurou esses questionadores inoportunos. Respondeu-lhes suavemente que fariam melhor se deixassem a Deus o cuidado de reger os acontecimentos. Não lhes cabia conhecer os tempos e o momento que o Pai fixara com a sua própria autoridade para a manifestação gloriosa do seu reino. Ao invés de se perderem nos seus sonhos, fariam bem em escutar a vontade atual de Deus a respeito deles: *Recebereis a virtude do Espírito Santo, que descerá sobre vós, e sereis minhas testemunhas* (At 1, 8).

A sua missão continuava a ser aquela que o Senhor lhes havia indicado: converter o mundo inteiro ao Evangelho. Mostrou-lhes até as etapas dessa conquista: *Sereis minhas testemunhas em Jerusalém, em toda a Judeia, na Samaria, e até os confins da terra*. Este programa estava acima das forças humanas; mesmo assim, eles poderiam cumpri-lo graças à força que o Espírito Santo lhes comunicaria, mas que não se enganassem sobre a sua função essencial, que podia ser resumida em três palavras: *ser suas testemunhas*.

Os discípulos sonhavam com uma restauração, e o Senhor os chamava a uma criação. De bom grado teriam reerguido as ruínas, e eis que

OS CRISTÃOS, TESTEMUNHAS DE CRISTO NA TERRA

são encarregados de construir um mundo novo. Pensavam restabelecer o reino de Israel, e eis que o reino que teriam de fundar ultrapassava as fronteiras e abraçava todas as pátrias. Contavam com sólidas estruturas políticas, e eis que deveriam adaptar o Evangelho a todos os regimes e a todas as instituições humanas, simplesmente dizendo aquilo que Cristo tinha dito, fazendo aquilo que o tinham visto fazer, pois seriam as suas testemunhas. Cristo não viera destronar César, mas derrubar o poder das trevas; não viera instaurar um Sacro Império (o seu reino não é deste mundo), mas devolver a Deus o reinado sobre as consciências e os corações. E os seus discípulos fariam o mesmo.

É agora que vais restabelecer o reino de Israel? — Não, respondeu-lhes o Senhor. Não era agora que a terra seria transformada repentinamente em reino de Deus; não era apenas Ele quem realizaria essa transformação; eram eles, as suas testemunhas, que modificariam pouco a pouco a mentalidade dos povos. Deus não faria emudecer os inimigos do seu nome, mas o Espírito ditaria aos Apóstolos as palavras capazes de convencê-los. Deus não lançaria raios sobre os templos pagãos, mas a fé e a caridade dos cristãos fariam com que se abandonassem os ídolos, e os templos se fechariam um após outro. Tudo aconteceria como o Senhor lhes prometera, mas nada se faria do modo que os Onze

A **VITÓRIA** da **Páscoa**

esperavam. Longe de converter Jerusalém, em breve seriam expulsos da Cidade Santa: derrota aparente, que os obrigaria a pregar o Evangelho fora das fronteiras da Judeia. Não teria passado um quarto de século desde o dia da Ascensão, e já São Paulo poderia escrever aos habitantes de Roma: *A vossa fé é apregoada em todo o mundo* (Rm 1, 8). O Senhor, que entrou no céu como triunfador, reinaria sobre a terra graças aos seus discípulos. Pela sua oração e os seus trabalhos, pelo seu sofrimentos e o seu amor, eles seriam as testemunhas fiéis e corajosas da presença do Senhor no mundo.

Coberto pela nuvem

E dito isto, continua São Lucas, *foi elevado à vista deles e uma nuvem ocultou-o aos seus olhos.* Os Apóstolos não se enganavam quanto à natureza dessa nuvem que desempenhara um papel tão grande na história religiosa do Povo Eleito: era sinal da presença de Deus. Fora na nuvem que Javé falara a Moisés, e, quando se erguera o tabernáculo, a nuvem cobrira-o para testemunhar que *a glória do Senhor encheu a sua morada* (Ex 40, 34). Fora na nuvem que Deus se dirigira a Ezequiel e fora também na nuvem, sobre o monte da Transfiguração, que a voz do Pai se fizera ouvir por três dos Apóstolos. O Senhor Jesus entrava, portanto, na glória divina inacessível aos homens.

No entanto, eles gostariam de poder tornar a vê-lo ainda uma última vez. Mas a palavra dos anjos trouxe-os de volta ao seu dever presente: *"Homens da Galileia, por que estais olhando para o céu?"* A missão de Jesus tinha terminado, começava a da Igreja, que também deveria terminar com um triunfo: *"Esse Jesus, que dentre vós foi elevado ao céu, virá assim como vistes ir para o céu"* (At 1, 10-11).

É explicável que ao primeiro momento de estupor dos Apóstolos tenha sucedido uma explosão de alegria, da qual os informantes de São Lucas haviam guardado a lembrança (cf. Lc 24, 52). Agora as declarações anteriores do Mestre tornavam-se perfeitamente claras para eles: *"Quando eu me houver ido e vos tiver preparado um lugar, voltarei e vos tomarei comigo"* (Jo 14, 3). Cristo voltaria. Mais um pouco de tempo, e eles tornariam a vê-lo. Voltaria sobre essa mesma nuvem do céu para julgar o mundo e reunir os seus eleitos. Eles tinham pressa de receber o Espírito Santo, a fim de começarem a pregar o Evangelho nos quatro cantos do mundo e agrupar o maior número possível de homens para aclamar o Senhor no dia da sua parusia.

Testemunhas de Cristo

Quanto tempo nos separa ainda do retorno glorioso de Cristo? Não nos cabe sabê-lo. Sabemos apenas que o seu triunfo será tanto mais brilhante

A VITÓRIA da Páscoa

quanto maior for o número dos eleitos. Ora, isso depende de nós que fazemos parte da sua Igreja hoje; isso depende da nossa ação apostólica, que deve ser uma ação exclusivamente religiosa.

A tentação de *restabelecer* o *reino de Israel,* isto é, de buscar apoios externos e de pôr em jogo influências temporais, sempre será forte. "Ah! Se dispuséssemos de poder ..." — Cuidado, pois nada nos permite ter a certeza de que exerceríamos esse poder unicamente a serviço de Cristo, e muito menos de que pudéssemos obtê-lo sem deixarmos de ser fiéis ao Evangelho. A última, precisamente a última palavra do Salvador, antes de desaparecer na nuvem, foi para definir o único apostolado eficaz: *Sereis minhas testemunhas.*

A fórmula é breve; acrescentar alguma coisa seria alterá-la. Cristo não disse: "Sede minhas testemunhas", ou "Deveis ser minhas testemunhas", como se pudéssemos ora refugiar-nos na neutralidade, ora sair dela, conforme nos desse na veneta. *Sereis.* Quer queiramos, quer não, *somos suas testemunhas.* Não podemos não ser testemunhas suas porque, sendo cristãos, afirmamos que Cristo *veio* ao mundo. Mas *que fez Ele?, e continua a fazer alguma coisa?* A estas duas perguntas, só a *qualidade* do nosso testemunho pode responder.

Somos inevitavelmente testemunhas de Cristo, testemunhas fiéis ou testemunhas falsas. De uma forma ou de outra, testemunharemos: se Cristo

OS CRISTÃOS, TESTEMUNHAS DE CRISTO NA TERRA

viver em nós como vivia nos seus Apóstolos, imbuídos da força do Espírito Santo, testemunharemos em seu favor; caso contrário, por mais que isso nos envergonhe, testemunharemos contra Ele.

Que fez Cristo? Será que não basta, para dá-lo a conhecer, *pregar o Evangelho a toda a criatura?* — Com certeza, mas sempre é preciso olhar ao modo de fazê-lo. Por mais que se transmitam com toda a exatidão os ensinamentos do Mestre, eles só serão capazes de persuadir se brotarem da convicção profunda do cristão que se alimentou da Palavra de Deus numa meditação prolongada. Um recita o Evangelho, outro vive-o: o primeiro talvez não passe de um bom retransmissor; o segundo é uma testemunha. Só daremos a conhecer Cristo se o conhecemos pessoalmente, e só conhecemos verdadeiramente uma pessoa quando a amamos. Só quem vive na intimidade de Cristo sabe falar muito bem dEle.

No entanto, os nossos contemporâneos têm o prurido de querer saber se Cristo ainda faz alguma coisa no mundo. Aqui, todos os discursos são vãos; a resposta está na nossa vida. A testemunha fiel é aquela que fornece a prova viva de que Cristo é o seu Salvador, como São Paulo que declarava: O *meu viver é Cristo* (Fl 1, 21).

Cristo é Aquele que dá à minha vida a sua razão de ser, o seu valor, a sua irradiação? Posso afirmar que, se Ele desaparecesse da minha vida, não me restaria mais nada senão desaparecer?

A VITÓRIA da Páscoa

O meu viver é Cristo. Orar-lhe é o meu repouso, escutá-lo: a minha libertação, recebê-lo a minha maior alegria. Sem Ele, ter-me-ia afogado no pecado, mas a sua misericórdia reergueu-me das minhas faltas e revelou-me a minha dignidade de filho de Deus. Só Ele me arranca da mediocridade, sustenta as minhas energias que desfalecem, faz--me aceitar o preço custoso da virtude. A minha vida é Cristo crucificado e ressuscitado: quando pesam sobre mim as angústias e os desesperos, a sua Cruz ensina-me a força da esperança e a fecundidade do sacrifício.

Se eu *vivo na fé do Filho de Deus, que me amou e se entregou por mim* (Gl 2, 20), então testemunho que ainda hoje Ele é o Redentor e o Salvador dos homens. A testemunha fiel é aquela que se esforça por reproduzir Cristo na sua entrega ao Pai e na dedicação alegre ao serviço dos seus irmãos, a ponto de se esquecer de si mesma.

É este testemunho pessoal que Cristo espera de nós, o testemunho da sua presença viva no nosso íntimo. Só o testemunho de uma vida é irrecusável.

Quando os judeus de Tessalônica entregaram aos magistrados da sua cidade os pregadores do Evangelho, diziam deles: *Estes são os que alvoroçam a terra* (At 17, 6). Mas que tinham feito Paulo e Silas, e que faziam os outros Apóstolos, para serem qualificados desta forma? Anunciavam Cristo morto e ressuscitado pela salvação dos homens,

OS CRISTÃOS, TESTEMUNHAS DE CRISTO NA TERRA

publicavam a sua doutrina de perdão, de caridade e de santidade, mas viviam aquilo que pregavam, eram testemunhas de Cristo.

Pode-se dizer de muitos cristãos dos nossos dias que *alvoroçam a terra*? Não nos dão antes, muitas vezes, a impressão contrária, a de estarem perdidos num mundo que outros se encarregam de "alvoroçar", e de andarem à espera de algum outro salvador terreno que lhes devolva um pouco de tranquilidade?

No entanto, é no atual "alvoroço" dos espíritos que devemos testemunhar a eficácia do Evangelho, pela nossa confiança serena, o nosso desinteresse e o nosso desejo sincero de justiça. Que faria Cristo nas atuais conjunturas? Como seria a sua fé no Pai, a sua bondade para com os seus irmãos? Que diria? Não há dúvida de que o Senhor causaria alvoroços, mas também transmitiria segurança. Formulemos estas perguntas a nós mesmos e imediatamente perceberemos em nós a força do Espírito Santo. E talvez alvorocemos e escandalizemos o mundo, mas será para salvá-lo.

O triunfo do Senhor começou no dia da Ascensão e terminará por ocasião da vinda gloriosa em que se manifestará "assim na terra como no céu". De agora até lá, a missão dos cristãos não há de mudar. Não nos cabe conhecer, menos ainda escolher as condições que o Pai fixou para cada época. Em todas as circunstâncias, na felicidade e na infelicidade, na saúde e na doença, na liberdade

A VITÓRIA da Páscoa

ou sob coação, ao ar livre ou nas catacumbas, *somos as testemunhas de Jesus Cristo.*

Sejamos testemunhas verídicas e intrépidas. E então, tendo contribuído para o triunfo do Senhor sobre a terra, teremos parte na glória da sua Igreja no céu.

O COROAMENTO DA VITÓRIA PASCAL

> *Enviai o vosso Espírito e serão criados, e renovareis a face da terra* (antífona litúrgica).

Renovar a face da terra

A festa de Pentecostes ocupa no calendário um lugar único, entre as duas partes do ano litúrgico, consagradas uma ao mistério do Filho de Deus feito homem e a outra ao mistério da Igreja, na qual Cristo continua a sua obra. Teremos de meditar os ensinamentos que ela nos transmite acerca do nascimento miraculoso dessa Igreja, que é a coroação da vitória da Páscoa e o remate dos mistérios de Cristo Redentor.

O estribilho do salmo responsorial da missa de Pentecostes é uma antiga antífona litúrgica adaptada do Salmo 103, composto para louvar o Mestre soberano do universo. O salmista observa que a obra do Criador não conhece fim: assim que as suas criaturas expiram para voltar à poeira, já insufla vida a outros seres, rejuvenescendo assim o rosto do mundo: *Se enviais o vosso sopro, eles revivem e renovais a face da terra* (cf. Sl 103, 29-30).

Não é menos admirável a criação espiritual inaugurada no dia de Pentecostes: *Enviai o vosso Espírito e serão criados, e renovareis a face da terra.* Deus envia o seu Espírito sobre a terra e, no lugar dos filhos pecadores de Adão, são criados outros homens, elevados à vertiginosa altura de filhos adotivos de Deus. E o Espírito prometido por Jesus Cristo, animando esta nova humanidade, esta assembleia de "santos" — a Igreja —, fará recuar o reino do pecado e transformará o mundo: "Enviai o vosso Espírito e serão criados homens novos, e renovareis a face da terra".

São João Crisóstomo sublinhava assim a preeminência desta festa: "Não há muito tempo — dizia aos seus ouvintes —, celebramos a Cruz, a Paixão, a Ressurreição e a seguir a Ascensão de nosso Senhor Jesus Cristo ao céu. Hoje, chegamos ao cúmulo de todos os bens, chegamos à *metrópole das solenidades*: estamos prontos para colher os frutos da promessa do Senhor".

Com efeito, todas as riquezas que a Morte, a Ressurreição e a Ascensão do Salvador obtiveram para a nossa raça — a purificação do pecado, a comunicação da vida divina, a admissão aos céus —, só se tornaram nossas no dia de Pentecostes. Foi somente então que o Espírito Santo nos transformou em filhos adotivos de Deus, unindo-nos a Cristo como membros de um corpo do qual Ele é a Cabeça: *Num só Espírito todos nós fomos batizados, para sermos um só corpo* (1 Cor 12, 13).

O COROAMENTO DA VITÓRIA PASCAL

O mistério pascal completa-se hoje na pessoa dos cristãos. Aquilo que, no dia da Páscoa, somente se realizou em Cristo ressuscitado, Cabeça da nova humanidade, a partir de Pentecostes realiza-se em todos os cristãos até ao fim do mundo.

Outro hino litúrgico traz umas palavras que soam como um canto triunfal: "Ó Deus, firmai e completai o que fizeste por nós! No vosso santo Templo, na vossa Jerusalém, são os reis que vos oferecem os seus tributos" (cf. Sl 68, 30). Nova adaptação de um Salmo, mas o título que nos é atribuído — *reis* — não é inferior à realidade. Graças à efusão do Espírito Santo, tornamo-nos realmente *linhagem escolhida, sacerdócio régio, nação santa* (1 Pe 2, 9).

O que culmina na manhã de Pentecostes é, na verdade, a missão que o Filho de Deus veio cumprir visivelmente no meio dos homens. O paralelismo entre os acontecimentos comemorados nas festas de Natal e de Pentecostes é surpreendente. No dia de Natal, adoramos o mais inaudito dos prodígios: o Verbo de Deus fez-se carne e estabeleceu a sua morada entre nós. Deus se fez homem! Na missa de Pentecostes, celebramos um prodígio não menos inconcebível: a terceira Pessoa da Santíssima Trindade veio tomar posse da terra.

Mas o Pentecostes não é apenas uma reprodução do Natal, é a resposta ao Natal. Na noite de Belém, o Filho de Deus tomou um lugar entre os homens, Cristo uniu na sua pessoa Deus e o homem: diante de

A VITÓRIA da Páscoa

semelhante condescendência — *desceu dos céus* —, não faltam motivos para cair de joelhos. No Cenáculo de Jerusalém, realiza-se uma maravilha ainda mais impressionante: a Encarnação recebe um amanhã perpétuo, prolonga-se de certa forma na Igreja; agora, é a vez de os homens entrarem na família divina. O Filho de Deus fez-se homem para conferir *a todos os que o receberam o poder de virem a ser filhos de Deus, aos que creem no seu nome* (Jo 1, 12). "Tornou-se aquilo que somos para fazer-nos aquilo que Ele é" (Santo Irineu).

Em Jesus Cristo, habita corporalmente toda a plenitude da divindade (cf. Cl 2, 9); no homem regenerado pelo Espírito Santo, habita espiritual-mente a Trindade: o cristão é um templo de Deus. Acabamos de ler o Evangelho: o Pai e Cristo vêm a nós e fazem em nós a sua morada. São Paulo, por sua vez, escreve: *como prova de serdes filhos, Deus enviou aos nossos corações o Espírito de seu Filho, que clama: "Abbá, Pai!"* (Gl 4, 6).

Ao lado do presépio do Menino Deus, talvez tenhamos cantado, profundamente gratos e co-movidos, o hino *Adeste fideles*: "Àquele que nos amou desta forma, quem não o amaria de volta?" Poderemos agora permanecer impassíveis, quando a humanidade recebe esta outra prova do imenso amor de Deus? *Vede que grande amor nos mostrou o Pai, que sejamos chamados filhos de Deus, e que o seja-mos de verdade* (1 Jo 3, 1). O Natal celebra o nasci-mento humano do Filho de Deus; o Pentecostes,

O COROAMENTO DA VITÓRIA PASCAL

o nascimento dos homens para a vida divina. O Natal, a festa do Homem-Deus; Pentecostes, a festa da humanidade divinizada.

Assim, o Prefácio da missa de Pentecostes convida o universo inteiro a manifestar a sua alegria: "Para consumar o Mistério Pascal derramaste hoje, naqueles que constituíste filhos no teu Unigênito, o Espírito Santo prometido; [...] por isso, o mundo inteiro transborda de alegria..."

Hoje, alegria sobre a terra, como há dez dias a alegria ressoava no céu. Jesus Cristo é o Rei do céu e da terra. Agora reina nos céus, de onde virá, no fim dos tempos, manifestar a sua realeza sobre a terra. Entre esses dois triunfos do Salvador, a Igreja, dirigida pelo Espírito Santo, representa-o sobre a terra, para renovar a sua face e realizar a salvação da humanidade.

Realidades chocantes

É realmente esta a nossa fé? À força de repetir as afirmações do dogma cristão, elas já não nos chocam, quando é absolutamente necessário que produzam um abalo em nós. Quando deixam de nos perturbar, a nossa fé adormece. Mas precisamos mantê-la sempre acordada, perguntando-nos sobre o assentimento que damos a esses desígnios inverossímeis e impenetráveis de Deus. Temos por certo que Jesus Cristo está conosco todos os dias

A VITÓRIA da Páscoa

e que nós lhe estamos unidos pelo seu Espírito na sua Igreja?

"Na sua Igreja": isso significa "numa sociedade humana". Ora, os homens! Sabemos o que são, o que têm de grande, mas também o que têm de miserável. Que os cristãos se tenham tornado o novo povo de Deus ainda passa, pois o antigo não foi tão brilhante que não ousemos assumir-lhe a sucessão; mas já não se trata de uma aliança comparável à de Deus com Israel.

Por meio da nova aliança, selada no sangue de Cristo, Deus comunica-nos a sua vida, Deus encarrega-nos da sua obra, Deus confia-nos a sua honra. Não há dúvida de que o seu Espírito não permanece inativo na Igreja; mas não é menos verdade que uns meros homens são os depositários das riquezas divinas, desde a palavra de Cristo até a sua Carne e o seu Sangue. Uns homens devem falar em nome do Senhor, julgar em seu lugar, remitir ou reter os pecados. O que eles decidirem será ratificado no céu. Deus desprendeu-se voluntariamente dos seus direitos. Que aventura!

Atormentada por uns juízes que lhe estendiam as armadilhas da sua ciência, Joana d'Arc respondia--lhes: *Tenho a opinião de que Deus e a Igreja são tudo uma só coisa.* A nossa querida santa diz isso com toda a tranquilidade: é a sua opinião, é a opinião de todo o bom cristão. Quando falamos da Igreja, pensamos em primeiro lugar na Igreja docente e

O COROAMENTO DA VITÓRIA PASCAL

hierárquica, mas não apenas nela, pois o Espírito habita e anima até os membros mais humildes de Cristo, aqueles que São Paulo declarava os mais necessários (cf. 1 Cor 12, 22). Todos lhe devemos o pensar e o sentir como Cristo (cf. 1 Cor 2, 16). O menor fiel em estado habitual de graça descobre imediatamente o erro doutrinal, revolta-se e protesta contra as atenuações que se fazem sofrer ao Evangelho: também a sua alma está habitada pelo Espírito da verdade que a une ao ensinamento revelado.

Mas a Igreja, composta de homens, não corre nunca o risco de usurpar o lugar de Deus? — Isso seria fazer os cálculos sem a presença do Espírito Santo. Os sábios tornam a atormentar Santa Joana: "Submeteis-vos, sim ou não, ao Papa, aos cardeais, arcebispos e bispos? — Sim, replica ela, mas *nosso Senhor seja se,vido primeiro*". O Espírito sempre estará presente para reprimir os desvios dos homens, para estimulá-los ou refreá-los, para esclarecer e reaquecer "os corações daqueles que Ele criou".

Os acontecimentos provam com suficiente clareza que a Igreja é fiel ao Espírito Santo. A sua perpetuidade atesta que não participa do declínio das instituições humanas; a sua fidelidade à doutrina do Senhor, a sua docilidade em seguir os seus mandamentos constituem para os homens do nosso tempo um milagre tão persuasivo como o eram os do Salvador na Galileia. Esta sociedade humana da qual fazemos parte é Cristo entre nós:

A VITÓRIA da Páscoa

Cristo crucificado, infelizmente, pelos pecadores da Igreja, mas também glorificado pelos seus santos; Cristo perseguido na sua Igreja pelo ódio do mundo, mas aperfeiçoando o mundo por meio dela. Os riscos terríveis que o Salvador correu "encarnando-se" na Igreja têm servido e servirão para a sua vitória. Eis o prodígio de Pentecostes.

Dignidade e responsabilidade

Tiremos daqui dois propósitos. Antes de mais nada, reavivemos o sentimento da *nossa dignidade*. Somos filhos adotivos de Deus. Sem nos cegarmos quanto às nossas deficiências, infidelidades e todas essas sombras que nos afligem — afinal, elas só nos aparecem como sombras por causa da luz que brilha em nós —, reconheçamos o dom que Deus nos faz da sua presença na nossa alma.

"Uma vez que Ele nos fez grandes, escrevia Gay, consideremo-nos franca e tranquilamente grandes. Longe de perder com isso, a verdadeira humildade encontra aí a sua satisfação. O homem é muito menos aquilo que é do que aquilo que Deus o faz. Os nossos pecados, embora ofendam a Deus, são todos ações humanas; os dons de Deus permanecem essencialmente divinos".

Quanto mais certeza tivermos da nossa dignidade, mais viva será também a consciência das *nossas responsabilidades*. Devemos merecer que a nossa dignidade seja reconhecida, que leve o

O COROAMENTO DA VITÓRIA PASCAL

mundo a admirar-se, que edifique a Igreja, que dê glória ao Senhor. "Ó Deus, completai o que fizestes em nós!": repitamos com frequência esta antífona, a fim de não extinguirmos o Espírito e de nem ao menos *entristecê-lo,* para falarmos como São Paulo.

O Espírito que formou Cristo no corpo imaculado de Maria está a trabalhar na nossa alma para nos tornar conformes à imagem de Cristo. Escutemos as suas inspirações e os seus apelos. Escutando-o e seguindo-o, evitaremos o pecado: "Tendo-vos por guia e condutor, venceremos todos os perigos"*. Invoquemo-lo frequentemente, como no-lo sugere a sequência da missa de Pentecostes: "lava o que está manchado, rega o que é árido, cura o que está doente; dobra o que é rígido, aquece o que está frio, dirige o que está extraviado"... E então, Deus o queira — pois disso dependem tanto a sua glória como a nossa felicidade —, conduzidos pelo Espírito, não retardaremos o progresso da nossa Igreja, que deve dar a conhecer Cristo a todas as nações; avançaremos com passo firme na multidão dos ressuscitados em marcha para o dia da manifestação gloriosa dos filhos de Deus, o grande dia em que o Espírito terá renovado a face da terra.

---

* Hino *Veni Creator.*

Direção geral
Renata Ferlin Sugai

Direção editorial
Hugo Langone

Produção editorial
Juliana Amato
Gabriela Haeitmann
Ronaldo Vasconcelos
Roberto Martins

Revisão
Diogo Coelho

Capa
Gabriela Haeitmann

Diagramação
Sérgio Ramalho

ESTE LIVRO ACABOU DE SE IMPRIMIR
A 19 DE MARÇO DE 2024,
EM PAPEL PÓLEN NATURAL 70 g/m².